El fabuloso mundo de
Francisco –
Ruiz Udiel

Amelia Mondragón

El fabuloso mundo de Francisco Ruiz Udiel
Autora Amelia Mondragón
Primera edición, 2021 ©
Diseño de portada: Knny Reyes
Retrato de portada: Cristian Gavarrete
Diagramación y cuidado editorial: Óscar Estrada
124 páginas, 5.5" x 8.5"
ISBN-13: 978-1-942369-92-9
ISBN-10: 1-942369-92-1
Impreso en Estados Unidos.

Casasola LLC
casasolaeditores.com
info@casasolaeditores.com

casasola
www.casasolaeditores.com

El fabuloso mundo de Francisco — Ruiz Udiel

Amelia Mondragón

…Fran era una especie de Magia que nos rozó mientras vivía.

"Francisco Ruiz Udiel, si estuvieras aquí..."
Francisco Javier Sancho Más.

1. Tres magos

Aprendiz 1: De la película *Fantasía* (esa joya del cine mudo tardío hecha por Walt Disney en 1940) lo más memorable es el tercer segmento, donde el ratón Mickey de los dibujos animados encarna al protagonista de "El aprendiz de brujo", poema escrito por J. W. V. Goethe en 1797.

Con música de Paul Dukas de fondo, el pequeño sirviente Mickey contempla cómo su señor, un poderoso mago, produce mariposas de luz en el aire. Su etérea hermosura deja boquiabierto al ratón, quien además de imaginarse él mismo creando tales maravillas, concibe la idea de usar la magia en sus labores domésticas.

De noche, tras retirarse el amo a su recámara y después de barrer, Mickey se coloca el sombrero mágico tan caro al mago, y sin éxito le ordena a la escoba baldear los suelos. Vuelve a intentarlo. Le toma algún tiempo concentrarse, recordar el conjuro del amo y finalmente ordenarle a la escoba que vaya a la fuente situada en el patio interior del castillo. Cuando la escoba empieza a acarrear baldes, Mickey decide tomar una pequeña siesta en el despacho del amo.

Mientras viaja en sueños hasta las estrellas y juega con su polvo luminoso, la escoba vierte baldes de agua que acaba por desbordarse e inundar los sótanos. Se despierta el ratón e intenta remediar el desastre haciendo añicos la escoba. Pero de cada astilla surge otra que se procura baldes para ir a la fuente.

Despierta el mago por el escándalo, reduce las aguas, le quita a Mickey el sombrero y de un ligero puntapié lo aleja del despacho, ordenándole que limpie el desastre.

Aprendiz 2: Harry Potter, también producto de la literatura y llevado al cine, es huérfano de padre y madre –como lo es quizás el pequeño ratón de *Fantasía*– aunque está destinado a convertirse en un poderoso mago que ha de vencer al Señor de las Tinieblas, el innombrable asesino de sus padres cuyas ansias de poder aterrorizan a la comunidad internacional de brujos.

En la Inglaterra contemporánea los aprendices, incluso los huérfanos, ya no limpian suelos a cambio del entrenamiento que reciben; mucho menos los magos, quienes en una dimensión paralela a la nuestra poseen excelentes escuelas y ciudades con servicios médicos, tiendas, bancos y bares. Harry ha tenido suerte. La infraestructura del Primer Mundo hará posible tanto el desarrollo de sus facultades sobrenaturales como el de su inquieto y curioso temperamento.

Aunque *Fantasía* es apenas cincuenta y dos años mayor que la primera entrega de *Harry Potter*, su visión del aprendiz es preindustrial, como la de Goethe: el conocimiento debe permanecer resguardado por la experiencia y sólo florece dentro de ella. Quien lo usa de manera arbitraria para satisfacer deseos y necesidades inmediatas genera desorden.

La visión de *Fantasía* es coherente con su época. En 1940, en víspera de la Segunda Guerra Mundial y todavía padeciendo las secuelas del *Crack* ocurrido en 1929, el imaginario estadounidense le teme al caos, a las aguas que se desbordan por quienes no saben predecir las consecuencias de sus actos: es la juventud o el ímpetu juvenil de los mayores, irresponsable y radicalizado, lo que toma por asalto la economía de las naciones. Le llevará mucho tiempo a Estados Unidos, su prosperidad a partir de los años cincuentas y la guerra de Vietnam entre otras cosas, sensibilizarse ante el abuso ejercido en los jóvenes y apreciar la ingenua curiosidad que, en las últimas décadas del siglo XX, Hollywood consideró como el origen del genio adolescente.

Aprendiz 3: De carne y hueso, nuestro tercer y último aprendiz de mago –y objeto de este ensayo– es también huérfano y producto de la literatura. Vivió por ella y gracias a ella. Se llamaba Francisco Ruiz Udiel (1977-2010), poeta nicaragüense que aún a los 33 años seguía pareciéndose en fotos a Harry Potter: la misma placidez, los mismos ojos claros y soñadores mirándonos a través del oscuro marco de sus lentes. Sin embargo, cuando habla, cuando repite en los vídeos en *YouTube* sus razones para escribir y recita algún poema, sospechamos en su alma el tenebroso castillo donde vive el pequeño ratón de *Fantasía* y un vórtice de aguas acechándolo.

11

2. El aprendizaje

,

Quiero morir en un poema
y nunca levantarme

"Quiero morir en un poema",
Alguien me ve llorar en un sueño.

Al menos en el campo de la poesía desde finales del siglo XX aparecen en Nicaragua muchas aguas desbordadas. Si Francisco Ruiz Udiel sobresale en tal vaivén no es sólo por su inquieta naturaleza y la calidad de sus textos sino por la perspectiva generacional y estética que ofrece en sus declaraciones y aprende a explicitar con muchísima mayor fuerza en sus poemarios. Es sobre todo en *Memorias del agua* (2011), el segundo y último de ellos, donde la visión de una nueva poesía, es decir, un nuevo tono y una nueva idea de lo que es el poeta en Nicaragua, se materializa con extraordinaria claridad.

Sin este importantísimo libro, los comentarios estéticos de Francisco habrían quedado en repetitivas declaraciones periodísticas, en uno que otro gesto fieramente afirmado de su primer libro de poemas, *Alguien me ve llorar en un sueño* (2005) o, a lo sumo, en vaga intuición de una sensibilidad lingüística inaugural, acorde a los nuevos tiempos.

El interés de Francisco por una poesía distinta a la que ha prevalecido en Nicaragua durante décadas lo lleva, siendo estudiante de contaduría, a formar parte de *Literatosis*, revista que tomó por nombre un término de Onetti para definir la literatura: más que un oficio, una ineludible condición que se padece y demarca la propia experiencia. Acogidos a tal idea, dice Eunice Shade, miembro de la revista, ella y sus compañeros "tendieron a preferir escritores 'literarios' e intentaron convertir el oficio de escribir en un destino propio".

Literatosis sobresalió porque además de la pasional entrega a que sus miembros se comprometían, fue la más perdurable

(1998-2003) de las revistas nacidas durante ese período en Nicaragua. También por el estruendo que causó su noveno y penúltimo número, cuyo irreverente tono hizo que se le suspendiera el financiamiento que la Embajada de España y el Instituto Nicaragüense de Cultura le habían ofrecido al octavo, dirigido por Francisco Ruíz Udiel.

Aunque ya a los dieciséis años había empezado a escribir poemas, *Literatosis* fue para él, como para muchos otros jóvenes, su verdadera cuna artística. A través de ella se preguntó qué quería de la literatura y aprendió los rudimentos de editar y dirigir publicaciones.

En 2004, junto al escritor Ulises Juárez Polanco fundó la casa editorial Leteo Ediciones que, abocada a darles espacio a los jóvenes, se convirtió en una editorial clave en Nicaragua. En 2005, también junto a Juárez Polanco y poco después de la publicación de su primer poemario, *Alguien me ve llorar en un sueño*, Francisco hizo para Leteo la antología de poemas *Retrato de poeta con joven errante* (2005), prologada por Gioconda Belli, quien llamó "Generación del desasosiego" a los escritores nacidos a la literatura en la primera década del nuevo milenio.

Mucha tinta a favor y en contra hizo correr tal denominación y sin duda la antología pasará a la historia por este hecho, aunque también debería ser recordada porque en la nota editorial que firman Ruiz Udiel y Juárez Polanco es ya apreciable el serio intento de presentar la joven poesía como un conjunto cuyas variantes producen una sola respuesta a la poesía precedente, denominada "exteriorismo" en Nicaragua. De ahí la insistencia por difuminar barreras entre los jóvenes autores, formados en diversos grupos literarios, estilos e idiosincrasias y provenientes de diversas áreas del país, incluyendo la Atlántica, casi siempre en olvido frente a la zona del Pacífico.

Si seguimos las declaraciones de Francisco entre 2005 y 2010, es evidente que la nota editorial de *Retrato de poeta* es mucho más suya que de Ulises. La complementan introducciones a los autores, todas escritas por él excepto la que le corresponde a sus propios poemas. En ellas reina cuanto Francisco aquilata tanto del comentario crítico como de la misma poesía: del primero la ligereza y el desenfado, de la segunda, su forma de gestarse: no importan las credenciales académicas ni artísticas de los poetas; importa su forma de mirar cuanto les rodea y el que alguno o alguna de ellos "haya bajado hasta el Malecón de Managua para observar cómo la soledad deshacía a la gente en el lago". Importa también que el poeta se deje envolver por esa soledad y por el amor, y que traduzca honestamente sus sentimientos en el lenguaje. También importa, aunque aparezca disperso aquí y allá, una historia con carencia de padre o madre, o lo que es casi lo mismo: si el poeta pudo reconocer, desde su nacimiento, que "todo a su alrededor" era una farsa.

No es casual el dato biográfico ni su corolario. Crecido en un centro para huérfanos (Aldea Infantil SOS), a los 16 años Francisco abandonó Estelí, su ciudad natal, por las graves desavenencias que tenía con su madre de acogida. La imagen del sufrimiento emocional y físico, tanto del pequeño como del adolescente Francisco, trasvasada a su primer poemario, *Alguien me ve llorar en un sueño* mediante Andrés, su alter ego, no tiene antecedentes en la poesía nicaragüense. El suyo es un dolor de orfandad e impotencia. De ahí la rabia y la ironía que lo envuelven manteniéndolo a flor de piel, reconcentrado y reactivo.

Es la farsa, el hecho de que la vida simula ser un mural sin fisuras aunque está carcomido por dentro, lo que seguramente produce las extraordinarias dislocaciones surrealistas de su poesía: los planos que asoman en el poema –las diferentes categorías de la significación– colisionan brutalmente en *Alguien me ve llorar en un sueño* para incinerar las pretensiones de orden social, coherencia y armonía tan caras a nuestro pensamiento.

Aunque en 2005 el surrealismo más duro era el de *Alguien me ve llorar en un sueño*, en *Retrato de poeta* el frente único de la joven poesía que Francisco insiste en subrayar se caracteriza por sus temas interioristas. En el único poeta de tema social, William Grigsby Vergara, distingue "un lenguaje fríamente estructurado", sin sensiblerías. Y en todos, un abierto inconformismo.

No hay mucha diferencia entre el inconforme tono poético de Francisco y el del grupo presentado en su antología. Todos poseen voces en claroscuro, a veces débilmente aferradas a una ilusión y otras negándose a gestarla, pero en cualquier caso, son voces con grandes obstáculos para "cantarse a sí mismas" o establecer vínculos plenos con cuanto perciben.

Hasta en los poemas más serenos y de más bajo tono hay un desafío, una transgresión voluntaria o inconsciente que lejos de resolverse felizmente, agrava el sentido de orfandad. Porque incendiarias o absortas, las voces de la antología apuntan a individuos dejados de la mano por algún dios inmensamente cruel o indiferente en alguna ciudad cuyos conflictos e indecible pobreza, como la Managua de Francisco en *Alguien me ve llorar en un sueño*, nadie se esfuerza en maquillar. Conservando las distancias, las ciudades de estos jóvenes, o la idea de la ciudad como espacio que acota y define la percepción, está en la misma tónica de *Managua salsa city: ¡devórame otra vez!*, de Franz Galich, novela que hizo época en los noventas al subrayar los despojos de la guerra.

Buena o tentativa, experimental y muchas veces insuficiente, la joven poesía coloca al exteriorismo en declive aún cuando no hay textos que den a entender con precisión qué se le impugna. Pero en *Retrato de poeta con joven errante* percibimos una condena que sobrepasa en mucho la cuestión de la temática. Porque es Francisco con sus desenfadadas introducciones, quien si bien no apunta muchos rasgos estilísticos, convierte la poesía en agarradero para seguir viviendo y en espacio social donde se vierte cuanto pugna por salir de la psiquis. En el envés de cuanto acertada o desacertadamente aparece en *Retrato de poeta* debe leerse, si no una definición del exteriorismo, sí aquello que de él se considera falso: tanto la poesía puesta al servicio de la política como la que se contenta con surcar caminos trillados en vez de arriesgarse, de empeñar la vida en el intento de decir algo, si no nuevo, sí verdadero.

El exteriorismo –esa mezcla de realismo social y conversacionalismo que comenzó durante los años sesentas en Nicaragua y ha ido progresivamente bajando de tono y transformándose en una afirmación del individuo, sus pensamientos y costumbres– seguramente representa un salto atrás ante el ingenio de los vanguardistas nicaragüenses y una bofetada en el rostro del feísmo y la pobreza percibida por estos jóvenes poetas que enfrentan el desorden a todo nivel, incluyendo el de las lecturas.

Hijos de la guerra, nacieron al mundo literario con los textos escolares del sandinismo y a diferencia de sus contemporáneos en otras áreas hispanohablantes, poco o nada leyeron de los clásicos, excepto algunos textos fundacionales centroamericanos. Tendrán que crecer y aliarse a Internet para descubrir plenitudes parecidas a la de Darío y darse cuenta, en tal universo de palabras, lo que su sociedad les ha negado. Todavía ingenuos aunque sin duda heridos, navegarán por la lengua produciendo tonos de desamparo y rabia que ningún poeta nicaragüense había antes concebido, ni siquiera Carlos Martínez Rivas, cuya solitaria rebelión es asertiva y por lo tanto, no exenta de triunfalismo. Y si bien entenderán que la poesía sirve para encender las estrellas –de allí el sesgo surrealista de sus escritos– mucho mejor entenderán que también sirve para baldear la propia casa.

Por más que Francisco Ruiz Udiel diga en sus declaraciones que la poesía no debe ser autobiográfica, por más que insista en "destetarse" de su alter ego Andrés en *Alguien me ve llorar en un sueño*, él sabe, al igual que los demás jóvenes poetas, que la poesía no es sólo oposición al mundo que heredaron, no una simple arma de combate contra la poesía combativa, sino su primera y quizás única consejera, el hecho psicoanalítico y la más íntima relación con el mundo a la que les es dable acceder.

Como el pequeño ratón de *Fantasía*, Francisco ve muy claramente las dos caras de la magia y opta por ambas, a sabiendas de que tarde o temprano se volverán la una contra la otra y que sólo un conjuro, uno sólo, le permitirá a las aguas regresar a su cauce.

3. El conjuro (primer intento)

"Lo que nos detiene en este mundo
es una bandada de pájaros que nunca vuela"

II (El conjuro),
Memorias del agua.

En 2005 Francisco Ruiz Udiel recibió el Premio de Poesía Ernesto Cardenal por *Alguien me ve llorar en un sueño*. Su originalidad –el ritmo y la imagen insólita– puede apreciarse desde el poema inicial:

La primera vez que Andrés abrió sus ojos
el olvido empuñaba seis líneas en la mano
las enrollaba
y se las daba en la boca
como si fuesen pequeñas bolitas de carne.

("Alguien abre los ojos por primera vez")

Titulada como el poemario, la primera parte es biográfica aunque adopta la tercera persona para relatar experiencias de niñez y juventud. En el segundo y tercer apartado queda reducida la anécdota y la poesía se vuelve mayormente declarativa. Sin embargo, violencia, muerte y orfandad (en tanto ausencia de algo o alguien) son temas que permanecen unidos a lo largo del libro, así como las complejas asociaciones donde toman cuerpo o se personifican numerosos conceptos.

Aunque propia del surrealismo, la inserción de conceptos en contextos inapropiados que tiene lugar en *Alguien me ve llorar en un sueño* es especialmente novedosa en Nicaragua, porque hasta entonces los poetas que más habían incursionado en dislocaciones del sentido –Alfonso Cortés, Joaquín Pasos y Carlos Martínez Rivas– trataban de reconstruir, sobre los jirones de cuanto deshacían, una imagen del mundo o una perspectiva en "clave" basada ya en la fe, la esperanza, el sentido de humor o la ironía.

En *Alguien me ve llorar en un sueño* las asociaciones entre elementos dispares se amplifican sobre un explícito cuadro de dolor e impotencia. El sinsentido existencial embriaga la escritura, de allí que las dislocaciones semánticas no siempre puedan reconstruirse y permanezcan como espacios oscuros.

La tensión entre estos y los espacios altamente legibles es una importante característica del poemario, no porque sea particular del mismo, pues le pertenece a mucha de la poesía contemporánea, sino por la fuerza con que se delimitan las áreas en donde la comunicación con el lector triunfa y aquellas que esconden lo más íntimo, lo inexpresable, emitido como pura enajenación y cuya única posibilidad es regresar a ellas mismas, a una tautología sin salidas:

La cama de Andrés tiene una abertura

con alas de cucarachas descubiertas

y frías de hambre sobre un pie.

Así comienza el poema "Alguien dejó morir sus zapatos". El texto reflexiona sobre los zapatos de Andrés, de cómo por las mañanas aparecen en sitios impensables. Los zapatos son un misterio, sigue diciendo el poeta e ignoramos "cómo llegaron a lugares inciertos". El poema termina expandiendo el "nadie sabe" a la gente que "mata por ellos": ignoramos o no podemos concebir que se mate por unos zapatos.

El crimen fuerza al lector a regresar a la segunda estrofa:

de noche, los animales –presuntamente las cucarachas, cuya imagen, en la tercera estrofa se fusiona a la de los zapatos– "se cuentan uno a uno / los diversos artificios de la muerte." Lo que resulta obvio de todo esto es que la muerte incluye no sólo la natural, correspondiente al envejecimiento –de los zapatos (tercera estrofa)– sino la privación de la vida humana y el hecho de que los "artificios de la muerte" sean relatados por animales.

El título del poema y la primera estrofa pueden ciertamente insertarse dentro del mensaje del resto de poema, pero no sin que reconozcamos el inmenso puente que han cruzado las asociaciones del poeta:

1. El hablante relata el proceso de envejecimiento de los zapatos: a "sus crías de cuero" –roturas en su parte superior o sus laterales– le sigue la rajadura de las suelas. Andrés ha dejado morir a sus zapatos y hay gente que mata por ellos.

2. Los zapatos llegan a lugares inciertos porque tienen alas de cucaracha y hambre y, desde luego, porque la gente los abandona en alguna calle o playa, etc.

3. Ignoramos el estado de conciencia de quienes los abandonan ya que –y he aquí lo importante– ignoramos la historia de desgracias, estados de ánimo o simplemente situaciones anecdóticas de quienes abandonan los zapatos. En todo caso, abandonarlos es dejarlos morir, y conseguirlos es, en muchos casos, infligir la muerte.

Si bien una secuencia lógica existe en el cuerpo del poema, su terceto inicial, por la sintaxis y la ambigüedad de las palabras, no nos permite acceder intelectualmente a él. Sólo nos resta entregarnos al desconsuelo que nos ofrece y asociar el poema con Gregorio Samsa, el famoso personaje de Franz Kafka que un día, al despertar, descubre que se ha convertido en un enorme insecto. La "bestialización" que experimenta Samsa se desvía hacia los zapatos, y éstos veladamente la transfieren a los hombres.

Existe, por lo tanto, un inmenso espacio semántico que en las cucarachas y los zapatos prolonga la terrible condición de pobreza y soledad de Andrés.

En oposición a este complejo sistema de conceptos, un poema de "denuncia", titulado precisamente "Alguien quiere denunciar" sobresale porque la crudeza de sus contenidos está acompañada por una voz muy clara, en tono alto, pertinaz ritmo yámbico, tensión creciente y llena de una rabia que se desliza sin complejidades divagantes, bordeando simultáneamente la exasperación y los límites poéticos.

La infancia de Andrés
huele a dolor en mal estado.

Crece y es memoria sepia
como cuerpo quemado
dice y cuenta cómo lo encerraron en un baño
veinte y cuatro horas desnudo
de la vez que lo arrodillaron
otra vez desnudo
naked, no nude
otra vez desnudo
de la vez que le pusieron
las manos a dos centímetros del fuego
con el pretexto de buscar verdades.
Esta vez no fue desnudo

vestía de odio con lengua
despellejada en rabia.

La imaginería se sostiene en la necesidad de transformar el
cuerpo en objetos o entidades palpables: la infancia huele a
dolor en mal estado, como alimento –o cuerpo– en descom-
posición. Así también, el crecimiento del niño, lejos de ser
dinámico, se acrisola en tanto memoria y cuerpo quemado.
El cuerpo funciona, por lo tanto, como un territorio totali-
zante que bien podríamos segmentar en tres áreas: el cuerpo de la infancia (como historia y argumento del poema), el
cuerpo físico como tal (visto a través del castigo) y el cuerpo
de la lengua (físico y verbal).

La oposición vestido/desnudo, en el centro de intensidad
del poema, termina siendo anulada al transformarse el espacio físico (del vestido) en zona del sentimiento (humillación:
"naked"). La inferencia final es de una insólita economía: la
humillante y castigada desnudez del cuerpo físico produce
laceraciones en el lenguaje.

Francisco repitió hasta el cansancio su preferencia por la
poesía de César Vallejo. Tomó de él, sobre todo de *Poemas
humanos*, la noción del cuerpo a modo de plano intersec-
tado por innumerables objetos y funciones. En Vallejo el
cuerpo está ligado al dolor, el enorme rango del dolor que
entre las hendiduras más baladíes (un dolor de muelas) y las
más profundas, habita como ausencia de amor y erotismo,
como pobreza, insignificancia y como la nada, haciendo de
coagulante, de centro energético de las metonimias: "los que
se acaban, ay, mueren fuera del reloj, la mano agarrada a un
zapato solitario" (*Poemas humanos*: "Esto/sucedió entre dos
párpados").

Pero hay en Vallejo una simultaneidad caótica, una salvaje desmembración (aquí una pierna, allá el hígado) a la que Francisco no sucumbe. Prefiere la causalidad y en este aspecto, se inclina por el modelo metonímico que ya había utilizado Joaquín Pasos en el poema "India caída en el mercado": "Al lavarle el estómago los médicos / lo encontraron vacío, lleno de hambre, / de hambre y de misterio." El cuerpo castigado es producto de una historia y su dolor, el devenir natural e indisoluble de aquella, tanto como cuanto de ilegible (el misterio) se inscribe en él.

Francisco no es Vallejo. No puede decir, por ejemplo:

Yo no sufro este dolor como César Vallejo. (…) Yo no me duelo ahora como artista, como hombre ni como ser vivo siquiera (…) Hoy sufro solamente. (…)

(…) ¿Qué sería su causa? Mi dolor es tan hondo que no tuvo ya causa ni carece de causa (…) ¿A qué ha nacido este dolor, por sí mismo?

"Voy a hablar de la esperanza", *Poemas humanos.*

La fuerza de estos versos, incalculable porque representan una forma de trascendencia, de universalización del individuo a través del dolor, no puede ser recreada por Francisco, quien, si bien creció en un mundo tan desmembrado como el del peruano, guarda cautelosa distancia con el imán ideológico de aquél, con la fe misma, ya cristiana o marxista, que movieron a Vallejo. La condición humana es irremediablemente triste, dice Francisco en su segundo y último poemario *Memorias del agua* ("… los hombres retornan / a su triste condición de hombres / y de allí nunca regresan.") y es tal condición, en su falta de apostura, lo que le produce un dolor exasperante, sin capacidad depurativa o regeneradora. Todo esfuerzo en su poesía, hasta llegar a los últimos tres poemas de *Memorias del agua*, persigue librarse de él.

Es quizás por ello la historia, es decir, la estructura narrativa en donde se asienta y articula la existencia humana, tan importante en su poesía. Cuando Francisco cierra las puertas del Andrés sufriente, otras muchas se abren ante sus versos, pero todas continúan persiguiendo la anécdota. La historia es su pasión; su mito es la búsqueda y el hallazgo, su esperanza. De ahí en adelante camina sin agarraderos. Pero entiende, seguramente porque su época es otra, que el dolor no es la piedra filosofal de la transcendencia; cuando mucho, es un aspecto de la enfermedad colectiva (no precisamente la de los poetas malditos) que refiere en *Memorias del agua*:

"Con vendas alrededor de nuestros cuerpos resolvimos protegernos de la indignación que nos provoca vernos uno frente al otro. La humanidad lleva años tratando de obtener la cura". "*I* (La madrugada)".

Francisco no se incorpora completamente al dolor universal de Vallejo pues piensa en términos de causación. Además, su mundo está por hacerse y busca cambio. Y de su época e historia personal aprende un sufrimiento distinto, no sólo perfilado por el anhelo que nunca se materializa y por la compasión, sino por la culpa, que fragmenta aún más la psiquis y que ningún poeta vanguardista, incluyendo a Vallejo, posee.

4. El conjuro (nuevo intento)

Si tan sólo abriera

el cuenco de mi cuello

seguro vendría alguien

a enterrar su frente en mí,

entonces mis brazos caerían

como trémula cruz sobre su espalda.

"La madrugada (I)",

Memorias del agua

En el poema "Yo soy Lynndie England" Francisco asoma un nuevo concepto que se volverá muy importante en su segundo poemario.

Motivado por la guerra de Irak (2003-2011) y perteneciente al último apartado de *Alguien me ve llorar en un sueño*, ofrece una letanía de identidades que comienza con la de Lynndie England, la soldado norteamericana que torturó y abusó al iraquí Haydar Sabbar Abed en 2004. Inmediatamente después, el poeta se identifica con Sabbar Abed, cuya sexualidad fue denigrada durante la golpiza de los soldados que lo interrogaron en la prisión de Abu Ghraib.

A continuación, las identidades que asume la voz poética se expanden: "soy un perro anónimo/que arrastran por el suelo de un pasillo/ soy la humanidad llagada por la guerra/ soy tantas muertes en un tiempo" hasta finalizar en Nick Berg, un civil norteamericano ajusticiado por fuerzas islamistas en respuesta a los iraquíes muertos o abusados en Abu Ghraib. El poema termina así:

pero soy también Nick Berg
decapitado por un hombre con un puñal en su mano.

Sobre el puñal,
puedo ver a alguien que se asemeja
cada día a mi áspero rostro de ser humano.

Las tres últimas líneas condensan una imagen que representa simultáneamente a la víctima y al victimario: tanto el uno como el otro pueden ver a su semejante enemigo sobre el puñal.

"Yo soy Lynndie England" registra la violencia en las relaciones humanas. Como el pez que se muerde la cola, la letanía del poema se vuelve circular, pues de otro modo no se explica la identificación del hablante con la soldado England: como la compasión, la crueldad proviene del sufrimiento.

Cinco años después, en "Tuve envidia de aquel niño", poema de *Memorias del agua* donde le habla al padre cuya muerte temprana no le permitió conocerlo, Francisco intenta identificarse con él, pero un ambivalente sentido de culpa asoma a lo largo del poema. Dice la segunda estrofa:

Te observé entre la niebla

que te convertía en ángel maquillado por nubes.

Yo también huí de la ciudad, no lo sabías.

Huí por temor a mí mismo,

por temor a que la ciudad

desapareciera conmigo en su rabia.

En el último verso, el poeta afirma que la ciudad está llena de rabia. En el cuarto, la significación es ambivalente. "Temor a" produce un complemento directo, es decir, el objeto al que se le teme: el hablante se teme a sí mismo, y añade: "por temor a que la ciudad/desapareciera conmigo", es decir, con la rabia del hablante. Estamos ante la misma circularidad usada en el poema "Yo soy Linndie England."

Obviamente la rabia pertenece a ambos, a la ciudad y al hablante, pues no de otro modo éste sentiría el miedo a sí mismo o de sí mismo. Ya en la segunda estrofa, el hablante reconoce su propio odio, aunque inflamado por los demás ("me susurraron palabras que inflamaban mi odio") y acepta su destino, seguramente el de poeta, aunque también estigmatizado por la violencia: "pero yo me había decidido / a herir el interior de las flores".

La tercera estrofa es particularmente interesante por cuanto habla de su propia poesía, incapaz de ofrecer "un puñado de luz", "una ventana abierta para los amantes", pero es en la cuarta y penúltima estrofa donde encontramos la tensión que gobierna al poema: por una parte el odio –atenazado al hablante y censurado por sus principios éticos– sale a la luz como "mala conducta" en el presente y el futuro. Del otro lado, la poesía, mejor dicho, la Poesía, recién descubierta, en tanto percepción ideal y extrañamente caracterizada como "flores de lata", pero capaz de amansar la furia de los hombres:

Mientras digo esto,

imagino que no es útil reparar en males

cuando estamos a punto de cometerlos.

Pero te juro no sabía, no tenía idea

de que las flores de lata derretían el acero de los hombres

para devolverlos a la tierra como seres indefensos.

Seguramente se trata de un poema muy temprano de cuantos figuran en *Memorias del agua*. No en balde está ubicado en la primera parte del poemario, titulada "Signos del agua". Todavía, entre las rémoras de *Alguien me ve llorar en un sueño*, en algunos poemas de este apartado se perciben áridas metáforas, imágenes con grandes dislocaciones espacio-temporales y, en consecuencia, estrofas, o mejor dicho, períodos donde el concepto fluye lentamente, a veces con dificultad, pues Francisco lo asiste con muchos menos recursos melódicos de los que su escritura es capaz de concebir.

La estrofa final del poema, sin embargo, es sumamente poética –su ritmo sereno y severo, acentuado por anapésticos y repeticiones consonánticas, nos ofrece una catarsis muy contemporánea: impotente para alcanzar su ideal ético y por lo tanto poético, el hablante cierra la carta diciendo lo siguiente:

Asumo que nada puedo hacer,

excepto escribirte esta pequeña nota

y decirte que yo también hubiera deseado

apaciguar mis dolores en tu pecho. Pero es tarde,

en algún lugar habrás olvidado mi nombre.

El cruce de caminos entre el padre y el hijo que aparece en la breve imagen infantil de la segunda estrofa (el padre como ángel maquillado por las nubes) y el común rechazo a la ciudad son identificaciones debilitadas en los últimos versos, cuando la carta se entrega a la impotencia: el hijo no puede transformar la realidad.

Ha muerto el padre, abandonándolo. Es inútil la carta y de ahí la belleza de los versos finales, pues sin receptor, se la arroja a destinatarios equívocos. Aun así, persiste y continúa entre nosotros en tanto poesía, transcendiendo la finalidad práctica de la comunicación para entregarnos, dentro del modo más sereno y melódico posible –sin desligarse de las abruptas imágenes contenidas en las estrofas previas– el fracaso de la fe y la esperanza: "en algún lugar habrás olvidado mi nombre" es el parte de aguas donde toda posible unión se diluye y para siempre se aleja el ángel de la infancia. Ante la muerte, la soledad es absoluta, pero en su nada toma asiento una actitud estoica, distante del odio y el desespero.

Memorias del agua se libera de la violencia y la culpa, pero sólo en la medida en que Francisco es capaz de dilucidar y transformar su propia impotencia en una instancia de tipo existencial y, por lo tanto, sujeta a la naturaleza humana.

El poema que mejor ejemplifica tal transformación se titula "VI (El desasosiego)" y pertenece a la segunda parte del libro, compuesto por poemas eslabonados que relatan el éxodo del poeta y su retorno a la plaza de una ciudad llena de enfermos. Como todo poema en la segunda parte, titulada "Último infierno", el número VI comienza con una breve narrativa en prosa:

"VI (El desasosiego)"

Después de aquel silencio, hice señas a la mujer para que me siguiera. El perro puso su mirada en mí. Podía intuir que tenía mucha hambre. Fue el primero en seguirme.

Tras de mí
mendiga la rabia
un perro,
me pide en silencio
llene de espuma sus labios,
me pide arroje
un trozo de carne
a sus colmillos fríos.

43

¿De qué te sirve

ese vacío hueco

que nunca cierra?, me ladra.

Entonces,

sin respuestas

y sin defensa alguna,

me abro el pecho

para que entierre

su hambre en mí.

El tema ya había sido elaborado en "Alguien muerde en mi voz", del primer poemario, donde una perra en estado lamentable "buscaba ensayar su hambre en mí". Vale la pena citar el texto completo para comprender las extraordinarias variaciones que Francisco añade en "VI (El desasosiego)". "Alguien muerde en mi voz" dice:

Cuando la vi

abandonada en las cañerías

mirando de un lado a otro

con demencia de búhos,

con tetillas escurridas de traiciones

y con piernas enterradas en el fango,

supe entonces que buscaba ensayar su hambre en mí,

alimentarse de cualquier

trozo viviente que no estuviera

infestado de rabia.

Puso en los míos sus ojos,

intentó ladrar,

no pudo

entonces mi boca se quedó asestada,

ahogando el denso aire que respiran los ciegos

en el vacío.

La anécdota se desliza con extraordinaria rapidez dada su ágil y muy económica forma narrativa, y a lo sumo con una que otra imagen poética de escasa dificultad. Sin embargo, las tres últimas líneas entran en un territorio difuso donde el poeta, ante la amenazadora imagen de la perra, reacciona con el participio "asestada" y el efecto casi simultáneo del gerundio "ahogando". Tanto uno (pasivo porque califica a la boca) como el otro (dinámico pues es parte de un acto y sus efectos) son respuestas de combate: el primero infiere la confrontación visual y física a un determinado objeto; el segundo, la privación del aire, aunque imprescindible, turbio –según el poeta– en los minusválidos.

Parece obvia la inferencia: aun cuando el hablante no reacciona actuando, lo hace con la imaginación. Siendo la perra una criatura en desventaja, la priva –y simultáneamente la exime– del "vacío" o la miserable existencia que lleva.

La situación queda invertida en "IV (El desasosiego)". Aquí el hambriento perro "mendiga la rabia" pero el hablante, lejos de asestar su boca en el aire, se vuelve ofrenda ante la criatura que, entre ladridos, le señala su inutilidad en el mundo: "¿De qué te sirve / ese vacío hueco / que nunca cierra?"

"Abrirse el pecho" es una inesperada imagen que evoca simultáneamente martirio, compasión y redención aunque también la ley natural. El hablante comprende el desespero del perro (compasión) y éste es liberado del hambre (redención) a costa del sacrificio (supuesta muerte) del hablante. Pero la sublime imagen ocurre como parte de un ciclo de depredación, pues la naturaleza deshecha cuanto es débil. En su momento también desechará al animal que ha consumido la carne rabiosa.

Lo que añade Francisco en este poema es el ciclo ecológico, aunque sus sujetos estén y estarán enfermos. También deteriorado –pues se inscribe en la sobrevivencia de una enfermedad–, el ciclo es una forma de desorden, pero aminorada por la secuencia ideológica (religiosa) cuyo objeto es trascender el "yo" y su instintiva persecución de seguridad: el poeta cede su vida al comprender que en el orden natural él ya no posee un espacio.

Con esta compleja red, donde el sujeto entiende que él es el portador del "mal" y lo difunde, y donde la depredación sufrida a manos del otro es un hecho natural, Francisco tejerá sus palabras en *Memorias del agua*. De ellas eliminará la imagen de víctima exigiendo justicia y conmiseración, comparable en tanto actitud a la denuncia social y a la literatura que la abarca y rígidamente sostiene la polaridad entre el dominador/verdugo y su víctima, inocente y pasiva.

Tal es el conjuro de Francisco para combatir el hambre, la insaciable hambre que recorre su primer poemario. Con este conjuro en tanto conciencia, es decir, en tanto interrelación con el mundo capaz de trascender las formas sociales para encarar la frágil condición humana, Francisco hallará su propio interiorismo.

5. El interiorismo

Si nos dejáramos acercar un poco,
si nos dejáramos ver el rostro, no esperar,
al fondo ir, atrevernos a seguir sin amago de límites,
con la vida puesta en la poesía,
en el agua, en su transparencia.

"Al agua en sí",
Memorias del agua.

Compuesto de tres apartados, "Signos del agua", "Último infierno" y "Despertar del agua", el segundo poemario de Francisco, *Memorias del agua*, póstumamente publicado, se construye de incesantes movimientos: alguien viene o va, se traslada, emigra, viaja o camina por calles y fantásticos, desiertos lugares. A tal incesante actividad, digamos que llevada a cabo sobre el plano horizontal de la imaginería poética, hay que añadir las verticalidades producidas por los ascensos y sobre todo, por las caídas, toda suerte de caídas, desde alguna montaña o al fondo de un pozo. Y cuando no es el hablante u otra persona quien cae o busca descender, es la lluvia, "suicida sobre nuestros ojos", o bien el oro "sobre los árboles" y "el silencio sobre nuestros hombros". Y cae también una moneda "como hostia de acero sobre nuestras manos" y "la espalda de Dios sobre nosotros".

El cambio de estrategia poética –crear espacios y movilizar sus componentes– supone relacionarse con un mundo cuyos mecanismos el poeta a veces descubre ("Te juro no sabía… no tenía idea"), otras observa ("las hormigas construyen…") o indaga ("entré en la arena/ a buscar el árbol"), analiza ("las palabras dependen de signos") y define ("el sueño es tarde que apacigua el trigo").

Inquirir y sobre todo, contemplar, son actitudes que en Francisco suponen tanto el abandono de los espacios cerrados –el dormitorio, la calle y el barrio que le sirven de trasfondo a *Alguien me ve llorar en un sueño*– como la actitud demostrativa que ejemplifica el desespero del poeta y afirma la injusticia de que es víctima. En *Memorias del agua* el espacio onírico de tipo simbolista y surrealista, siendo amplio, arenoso, con ríos, senderos, pozos y lluvia, abre puertas a una continua exploración cuya importancia no sólo reside en cuanto se llega a conocer, sino también en aquello a lo que el poeta no halla respuesta:

"No sé a quién invocar para que llegue el sueño."
"X (Regreso a la plaza)"

Nunca supimos si la forma
en que se nutren los sueños
acabaría con nosotros.
"XI (Caminar sobre la hierba)"

¿dónde se unirán los abrazos
que hicieron falta?
"Despertar del agua"

Sin exigencias de resultado inmediato y efectivo ante lo que se percibe, la contemplación requiere una actitud de abandono, de dejarse llevar por "lo que sucede". De esta actitud emana un lenguaje mucho más poético que el de *Alguien me ve llorar en un sueño*: desaparecen casi por completo las expresiones prosaicas y coloquiales, así como el feísmo y las imágenes sórdidas. Tampoco hay trazos de ironía. Los ritmos drásticos y cortantes se suavizan y disminuyen los golpeteos (aliteraciones) de las consonantes oclusivas sordas (p, t, k, cuya pronunciación no vibra y además detiene la espiración del aire) o se usan para crear dramatismo y contraste con versos de ligera sonoridad.

El resultado es un tono poético inaugural en Nicaragua. A veces susurro, ruego, consternación, nostálgico relato o monólogo, el poema pocas veces alza la voz para mostrar su ira o no dejarse abatir por el dolor, pues sabiéndose ambos intransferibles, se han vuelto profundamente íntimos y pudorosos.

Cada apartado posee su propio sentido de unidad y sin embargo los tres pueden leerse como una progresión y ascenso de la forma poética hasta eliminar la anécdota y mostrar en los dos últimos poemas un estado contemplativo puro.

Antes de llegar a ellos, la anécdota sostiene gran parte de la comunicabilidad del poema. Francisco escribe de cara a la tradición poética nicaragüense y de cara a la poesía "legible", pues el marco de la narración es de por sí una estructura de sentido: inicio, peripecia y desenlace.

En el primer apartado y tal como lo anuncia su título, "Signos del agua", los poemas son diversos y algunos reconstruyen escenas urbanas y temas de orfandad y/o pérdidas fácilmente identificables con las experiencias de Francisco. El dolor, por lo tanto, aunque ya aislado de sus causas, lleva el nombre del poeta y se percibe excluyente: "Deja la puerta abierta" y "Black & White" son sus ejemplos más obvios. Pero hay, frente a *Alguien me ve llorar en un sueño*, una extraordinaria ansia de trascenderlo y/o desprenderse de él: "debe haber una puerta / que no sea tan estrecha / para que no duela tanto / para que no duela tanto ("Black & White").

La segunda sección lleva por nombre "Último infierno" pero su título no alude al poema de Arthur Rimbaud –"Una temporada en el infierno"– sino al de John Milton, El paraíso perdido, que relata la creación del hombre y su caída.

La cita que encabeza esta sección proviene de Satanás, quien junto a los otros ángeles rebeldes, ha sido expulsado del seno de Dios y se halla penando su arrogancia en el Caos, lugar que predata al Infierno.

Una profecía refiere la creación del Paraíso y de sus perfectas criaturas. Cansados de sufrir en el tempestuoso y oscuro Caos, los demonios se congregan alrededor de Satanás, quien los insta a luchar. Dado que Dios no les ha mermado sus extraordinarias facultades, deben entorpecer y finalmente destruir la creación de la especie humana. El parlamento de Satanás termina identificando la esperanza (virtud teologal) con la desesperación (variante de la soberbia, pecado capital), ya que mediante ambas puede perseguirse un mismo objetivo. Dice la traducción de Esteban Pujals (Cátedra, 2009):

(…)

Superar este infortunio enorme,

ver qué refuerzos ofrecernos puede

la esperanza, o qué resolución

podemos arrancar del desespero.

Siendo ésta y la del Corán ("¡Cuántas ciudades inicuas he tolerado!") las únicas citas del poemario y ambas pertenecientes a la sección "Último infierno", es obvio que el poeta intenta decirnos algo importante: ambas citas subrayan un espacio ético que si bien acusa a "las ciudades" o sociedades de perversas, también comprende que (para bien o para mal) los actos decisivos del individuo nacen de su esperanza y desespero.

Las citas, por lo tanto, anuncian un acto fundamental, que no sólo tiene que ver con el abandono de la ciudad, sino con el de su lenguaje. El poeta emprende un viaje que no en balde titula "Último infierno": nuevo retorno al pasado en una sucesión de poemas que culmina con el regreso a su ciudad.

Pero ahora no es Estelí, donde creció, ni tampoco Managua, donde se hizo poeta, sino la "ciudad" como centro de la ira, la indignación y, para volver a Milton, del caos. Decidido a abandonarla, el poeta sale solo, en busca del conjuro que, para sanarlo, le entrega un anciano. Y no logra entender que "la bandada de pájaros que nunca vuela", de la que este habla, es irreal, no existe, pues depende de uno mismo darle vuelo a cuanto, teniendo alas, se percibe acrisolado, hecho piedra o estatua: la libertad de la percepción puede deshacer los espejismos que la "realidad" nos impone.

Al continuar su camino, el poeta halla de nuevo al perro, al que en esta ocasión redime, y a una mujer, no ya la Eva virginal, sino la que ha compartido con él la manzana de esa "discordia", es decir, el conocimiento y por lo tanto, las fragmentaciones que en nuestra psiquis éste produce. De ahí las líneas en prosa de "V (El reencuentro)":

"Cuando ella se acercó nos reconocimos, agotados, sorprendidos como un puño de arena sobre nuestras manos. Intentamos hablar, mas no pudimos. Entonces –como esa voz que nunca llega– bajamos la mirada".

Cual nuevos Adán y Eva, el poeta y la mujer bajan la vista. Seguramente los avergüenza su desnudez, es decir, la vulnerabilidad percibida uno en el otro, el hastío que creció entre ellos o quienes simplemente son, ahora envueltos en un silencio que les acaricia las heridas. Y el poeta toma el verso para describir ese momento:

Escondemos en el suelo
la caída leve del hastío,

cuando torpemente
con sus alas sobre nuestros
hombros el silencio cae,
rota divinidad que atraviesa
con su blanco mutismo
una herida en la mejilla
de tierra doliente.

En la segunda estrofa desaparece esa pequeña epifanía del silencio, lleno de mutismo, que roza las heridas. Hay un conmovedor alivio, por lo desolado, en volver a ser "estatua"; también hay rigor, memoria y acartonamiento.

Pero siempre llega el ruido de las hojas:
la sutil lluvia que nos vuelve estatuas,
el tiempo ebrio de sí mismo
que dulcemente sobre nuestros cuerpos
se dobla como rama.

"Último infierno" es la historia de un fracaso más: después de encontrar a la mujer, impulsados por la nostalgia, ambos regresan a la ciudad y a la plaza de donde, por diferentes caminos, se habían alejado. El poeta sabe que también será inútil su regreso:

(En La Plaza de la ciudad) "no encontraremos nada. Atrás sólo dejamos esa enfermedad que nos divide, que nos va domesticando casi a fuerza de mal lograda, que nos va alejando ("VII La soledad").

Y sin embargo, cuanto de biografía hay en "Último infierno" aparece en un lenguaje que, concebido en "Signos del agua", ahora busca su plenitud.

Desde el punto de vista lógico, un poema como "El reencuentro" no tiene grandes asideros sin la armazón narrativa a la que pertenece y sin su correspondiente encabezado de prosa poética. Pero aun así, la parte versificada puede sustentarse por sí misma y lograr una comunicación plena con el lector a base de ritmo e imágenes.

Sólo en cuanto a la sonoridad bastaría decir lo siguiente: en las dos primeras líneas, un octosílabo y un decasílabo. En el primero hay tres acentos estróficos sobre la "e" consonántica, repetida siete veces. El decasílabo tiene dos acentos estróficos sobre la "i", dos consonantes "l" precediendo vocales ("a" y "e") y una antecediéndola ("e").

Bastan estos elementos para percibir cuán melodiosos pueden ser los versos que refuerzan el acento estrófico con el rítmico y además, insisten en temas vocálicos cercanos y parecidos: "e", "i", ambos alveolares. La "l" también lo es.

Con recursos muy modernistas, el poeta logra que el aspecto racional del lenguaje penetre en la melodía para ponerse al servicio de las emociones en la única manera que puede hacerlo: relajándose, cubriendo pequeños trechos que apuntan exclusivamente a redondear la imagen: un hombre y una mujer dejan que el silencio hable y en él conciben un nuevo comienzo. Pero el tiempo vivido es imborrable y fatal: pesa, aherroja, y sin embargo, estando él mismo lleno de compasión, dulcemente cae sobre la pareja de amantes.

El poema no está realmente "codificado" en lenguaje alguno que no sea el de la emotividad. Es ella la que mueve las imágenes y, rigiéndolo todo, convierte el duro castigo del tiempo en compasiva caricia. El salto, si pensamos en cualquier poema de *Alguien me ve llorar en un sueño*, es extraordinario pues el fracaso está tejido de dulzura. Pero más importante aún es la empatía que en *Memorias del agua* va cobrando la naturaleza. Si bien ésta se halla idealizada, es obvio que el sentimiento del poeta aprende a deslizarse a través de fenómenos, accidentes, flora y animales que a su vez lo reciprocan con signos o sentimientos.

El drástico giro que ha tomado la poesía de Francisco –y que puede atribuirse simultáneamente a la esperanza y al desespero– consiste en crear las condiciones para que fluya una gran gama de sentimientos. No le será suficiente referirlos en sus historias. Escenarios, imágenes, ritmos y melodías los transformarán en movimiento e intensidad. La razón es obvia: alcanzar el presente, el aquí y ahora. Nombrar es insuficiente. En "El poeta y los signos", poema de "Signos del agua", Francisco había descrito la necesidad de purificar la significación. Aunque mucho más intelectual y menos rítmico que "VI (El reencuentro)", nos sirve como referencia para entender los cambios en su poesía:

Uno deja de reconocer
al hombre en las palabras,
aquellas palabras que un día se levantaron
tras el peso de las piedras.

Las palabras desprenden signos
que el hombre cierne
sobre la persistente luz,
sobre la melodía que desiste en la hierba.

El olvido se filtra en cada signo,

Y ese balbuceo final

–inaudible para todos–

son palabras que el hombre devuelve al mundo;

palabras que le fueron dadas al nacer,

convertidas ya en puentes, cavernas,

en hilos de arena y humo.

Algún día las palabras volverán a ser hombres,

otra vez puentes,

huellas contra el temblor de la vida,

túneles hacia la libertad.

La oposición entre el hombre y la palabra es, por lo tanto, el problema del poeta, de todos los poetas, de la poesía, de acuerdo con Francisco. Pero es también un problema social. En la primera estrofa el "uno" supone al individuo incapaz de reconocerse en el lenguaje. En la segunda y tercera, el hombre es el poeta cerniendo las palabras y permitiéndole al "olvido" que las depure de todo aquello que las corrompe. De cada signo –cada significado, por decirlo de otra manera , atravesado por el olvido, permanece un balbuceo inaudible para todos. Y ese balbuceo, esa esencia, intención o primigenio asomo de forma, es lo que el poeta acecha y atesora. Algún día, sigue diciendo, tal esencia será recuperada completamente por los hombres. Y entonces cesará la división entre éstos y el lenguaje.

Al surrealismo de Joaquín Pasos y de Octavio Paz, Francisco añade la noción de olvido. Si para aquellos el poeta es quien escucha "la otra voz" de las palabras, la que sigue latente desde el primer instante de la creación de la escritura y yace detrás de los lenguajes sociales (en la conciencia colectiva o en subsconsciente), Francisco afirma que esa otra voz sólo se revela cuando aprendemos a olvidar el carácter inmediato que nuestras sociedades le conceden a las palabras, y cavar hondo buscando la diversidad de sus contenidos semánticos. Olvido: palabra depurativa y por lo tanto mágica para Francisco. A través de ella encontrará la voz de la condición humana, que es también su propia voz "con la vida puesta en la poesía, / en el agua, en su transparencia."

6. Realismo, conversacionalismo y ritmo

Me recetan que no haga nada ni piense nada,
que me retire al campo a ver la madrugada
con las alondras y con Garcilaso, y con
el sport. ¡Bravo! Sí. Bien. Muy bien. ¿Y La Nación?
....
es preciso que el médico que eso recete, dé
también libro de cheques para el Crédit Lyonnsis,
y envíe un automóvil devorador del viento,
en el cual se pasee mi egregio aburrimiento,
harto de profilaxis, de ciencia y de verdad.

Rubén Darío.
"Epístola a la señora de Leopoldo Lugones"

Dentro, el amor que abrasa;
fuera, la noche fría.

Rubén Darío.
"Invernal"

E n un ensayo sobre la pintura del siglo XX, Octavio Paz (1914-1998) afirmaba:

El único arte insignificante de nuestro tiempo es el realismo y no sólo por la mediocridad de sus productos sino porque se empeña en reproducir una realidad natural y social que ha perdido sentido.
(*Corriente alterna*. México: Siglo XXI, 2009).

Sólo con cautela debe transferirse tal drástica afirmación al campo artístico contemporáneo, especialmente a la literatura, cuyos productos realistas están en gran medida dotados de cierto manierismo, es decir, ciertas deformaciones de cuanto las sociedades solían percibir como real, ya fuera dicha realidad la postulada por el realismo francés del siglo XIX, o la del realismo social (relevante en occidente después de la segunda guerra europea) y la del realismo socialista nacido en Rusia como arte oficial en 1932.

En la Europa del siglo XIX se estableció la pugna entre el realismo y las tendencias románticas y al parecer, seguimos sin superarlo. En la poesía del siglo XX, a partir de los cincuentas es importante observar un giro hacia lo que el crítico cubano Roberto Fernández Retamar (1930) llamó conversacionalismo, estilo que procura el habla llana y que al alejarse de las dislocaciones sintácticas de la poesía precedente, construye formas de representación de tipo "racional o lógica", es decir, imágenes verificables y de fácil reproducción en la mente del lector.

Común a toda la poesía de Occidente, y tal como bien apunta Retamar, el "conversacionalismo" es un registro realista de la lengua poética y posee diversas estrategias. Pero muchas de ella, desde luego, ni se asientan estrictamente en percepciones de tipo positivista ni derivan en poesía social .

Desde nuestra perspectiva contemporánea, diremos que el realismo regresa a sus viejas formas del siglo XIX y primera mitad del XX cuando el autor (si pensamos exclusivamente en la literatura) entabla un pacto lingüístico con sus lectores, asumiendo en él una común percepción de la realidad y por lo tanto, un rango específico de valores éticos.

Sin embargo debemos admitir, volviendo a la frase de Paz, su contemporaneidad en poéticas como la de Francisco Ruiz Udiel pues bien podría éste haberla dicho para caracterizar a la poesía nicaragüense de las últimas décadas. En el exteriorismo nicaragüense hay básicamente un realismo que adopta la forma conversacional y que en muchas ocasiones entra en el área de la poesía social. Como todo realismo, en esta tendencia "la realidad" de la palabra se acepta, repetimos, cuando porta valores semánticos altamente socializados que excluyen las íntimas pulsaciones del poeta y por lo tanto, diría Francisco, lo privan de libertad.

Desandar el camino que la poesía en Nicaragua inició después de "Canto de guerra de las cosas", poema de estirpe romántica, escrito por Joaquín Pasos y publicado en 1946 (revista *Nuevos Horizontes*), tiene importantes implicaciones tanto en la misma Nicaragua como en la poesía hispanoamericana de las últimas décadas.

Memorias del agua no es mero accidente o regreso incidental a los modos de representación propios del romanticismo europeo y de su posterior evolución modernista y vanguardista hispanoamericana (para ver este desarrollo consultar el imprescindible ensayo de Octavio Paz: "El ocaso de la vanguardia" en *Los hijos del limo*: 1974). Por el contrario, se trata de un libro cuya estricta planificación no tiene equivalentes en Nicaragua porque el tema evoluciona a la par de los cambios estilísticos y éstos viajan hacia la supresión de la denuncia (poesía social), del lenguaje conversacional y finalmente de la anécdota, para hacer de la lengua una plenitud sonora de evocaciones y resonancias psíquicas.

Vale la pena ver en perspectiva el trecho que Francisco Ruiz Udiel ha recorrido en *Memorias del agua*:

Primero, Gustavo Adolfo Bécquer ("Rima I": "Yo sé un himno gigante y extraño") y después, Rubén Darío ("Yo persigo una forma que no encuentra mi estilo,"), anunciaron en castellano, durante el siglo XIX, la insuficiencia del lenguaje para expresar cuanto sentían.

En 1924, el poeta francés André Bretón (1896-1966) publicó el *Manifiesto del surrealismo* para inaugurar oficialmente un lenguaje no contaminado, espontáneo, nacido de las zonas más vírgenes de la mente. Aun cuando en Francia, durante la segunda parte del siglo XIX, Charles Baudelaire (1821-67), Paul Verlaine (1844-96), Arthur Rimbaud (1854-91), Stéphane Mallarme (1842-98) y muchos otros, ya habían visto la necesidad de un nuevo lenguaje poético, el Dadaísmo, surgido en 1916 y uno de los primeros movimientos de vanguardia (del que Bretón formó parte) exasperó la significación del poema al punto de demolerlo.

El surrealismo fue a su rescate con una clara y contemporánea misión: abrir las puertas del inconsciente durante la escritura del poema no sólo en busca de nuevos sentidos sino también de formas expresivas que actuaran como resonancias psíquicas para compensar los desplantes que la escritura vanguardista le hacía a la racionalidad.

En 1932, convencido de que el surrealismo no podría sobrevivir los turbulentos tiempos que Europa atravesaba, Bretón pensó en aliar su movimiento con la izquierda liberal y marchó a México en busca de León Trotsky (1879-1940). Es entonces cuando la actitud social de Bretón traiciona las premisas "irracionales" de su movimiento.

Para esa fecha el surrealismo ya empezaba a desplegar magníficas alas en Hispanoamérica, pero ningunas como las de Pablo Neruda en sus dos primeros libros de *Residencia en la tierra*. Ensimismamiento, soledad y nostalgia cavan hasta hollar la sintaxis para reproducirse al unísono e imponerse a la secuencia lineal que rige en la escritura. Y sin embargo, de tan magnífico grosor fue Neruda alejándose al contemplar los sucesos de la Guerra Civil española (*Tercera residencia. España en el corazón, 1935-1945*)

En su aclimatación al castellano, el surrealismo fue una amalgama de técnicas modernistas y propiamente vanguardistas europeas. En España se lo denominó suprarrealismo y desnudo de la ortodoxia experimental de Bretón, tanto en la narrativa como en el poema, ensanchó el horizonte de las imágenes.

En Hispanoamérica, a través del género fantástico y del realismo mágico, desplazó en la narrativa al realismo mientras que en la poesía prolongó la pasión modernista por insuflar la lengua de mayor expresividad.

Por su parte el poema social, que en Hispanoamérica y en su forma moderna también había comenzado durante el romanticismo (con el poema Martín Fierro, 1872) para luego diluir su unívoco lenguaje en el mar abierto de la exuberancia modernista, resurgió a mediados de los treintas del siglo XX, más como intención que como práctica, ya que las dislocaciones espaciales y temporales persistieron, aunque atenuadas, en el Neruda que después del bombardeo de Madrid (1936) afirmaba que su poesía ya "no nos habla del sueño, de las hojas, / de los grandes volcanes ("Explico algunas cosas") y en el Cesar Vallejo que le había cantado a la República española (*España, aparta de mí ese cáliz*, 1937).

Más que un cambio de forma, el "realismo" se asomó a la poesía de estos escritores fundacionales a través de un cambio en la percepción, consistente en fundir el dolor del yo al sufrimiento humano, es decir, amalgamó a ambos y de ahí que el poema redujera sus niveles de hermetismo.

Mejor perfilado en Vallejo que en Neruda, ese dolor común, que a primera vista puede percibirse como producto exclusivo de la violencia política y social, es la inevitable y triste condición de nuestra existencia. A pesar del marxismo que enarbola *Poemas humanos* (1931-37), el temperamento religioso de Vallejo insiste en el amor como solución a nuestro padecimiento.

Solemos afirmar que desde los años cincuentas la poesía hispanoamericana entra en la disyuntiva de ser o no "social", es decir, abocarse o distanciarse de las denuncias a favor de colectividades. Pero al hacerlo, también olvidamos circunstancias obvias e indispensables a tal disyuntiva: la secularización que nuestras literaturas habían experimentado durante el romanticismo (debido al proceso de independencia política) e intensificado después de la primera guerra mundial, acabó con borrar, a mitad del siglo XX, la percepción existencial y/o natural del dolor.

Por otra parte, durante los años sesentas, los medios de difusión de masas empezaron a formar un nuevo público "ágrafo" que la poesía se propuso atraer produciendo estructuras simples, basadas en una imagen del lenguaje oral bastante básica, a tono con las aculturaciones que en nuestras ciudades se estaban llevando a cabo entre los campesinos que recién se asentaban en ellas, sus tradicionales pobladores, los inmigrantes europeos y los cambios de vida que la incorporación de técnicas traía consigo a las ciudades.

Así, por ejemplo, aunque en la canción folklórica de los sesentas y setentas (Cono Sur y Nicaragua) hay un tránsito de expresiones y palabras campesinas a la escritura, el conversacionalismo que circula en ellas es un producto de las ciudades. Su gestación no puede explicarse sin esa coyuntura histórica en que miden fuerzas el desarrollismo económico de las derechas y las ideologías promovidas por los sectores liberales y marxistas.

Deseoso de captar un amplio mercado, el conversacionalismo, como decíamos, no siempre ha estado signado por el marxismo y sólo en nuestros tiempos muchos de sus autores ha tenido la expresa intención de fundir la voz del poeta a los intereses pragmáticos y mayoritarios de nuestros países: justicia social, liberación, defensa de las etnias, de sexualidad y género, etc. Pero incluso antes, si leemos detalladamente la "Epístola a la señora de Lugones") de Rubén Darío, fue utilizado como una especie de costumbrismo, de crítica a los hábitos y vicios sociales.

En los tiempos de Darío, cuando la tecnificación empieza a acelerarse, se hace patente algo que siempre había rondado a la poesía pero nunca de manera tan tajante: la sensación de que los hechos del "exterior" son diferentes a los movimientos del espíritu. Heredada del romanticismo, la idea de que la intimidad (el yo) puede protegerse del progreso "positivista", sigue funcionando en nuestros días.

Sin embargo, en todas las épocas literarias el conversacionalismo ha existido como registro y desde luego, mucho más cercano a la lírica que a la épica, pues el poeta lírico proyecta un heroísmo íntimo que todos creemos poder emular. El mismo Bécquer, quien en su "Rima I" no encontraba más que "cadencias que el aire dilata en las sombras" para escribir lo que percibía y sentía, tiene varias Rimas con registros totalmente conversacionales. También Darío nos presenta uno que otro poema conversacional y frecuentemente nos regala registros orales en su obra poética.

En realidad, si lo que pretendemos es buscar períodos en donde la forma poética se torna secuencial y llana, sin grave presión sobre el sentido de las palabras y de ritmo escasamente notorio, veremos que es posible hallarlos en cualquier poeta. Suelen ser usados para entablar vínculos con el lector, diciéndole que también el poeta puede percibir la "realidad" esquemática y práctica que nos vincula a todos.

Pero si queremos asimilar el conversacionalismo a la "conversación", entonces hay que decir que desde Safo hasta el invento del magnetófono, el problema de identificar el conversacionalismo estriba en la falta de modelos inequívocos del lenguaje oral en tiempos lejanos. Lo sorprendente, sin embargo, es notar que la conversación grabada tiene poco que ver con el conversacionalismo. En tanto escritura, el poema conversacional debe seguir una línea discursiva, o más bien subrayarla obviando las apoyaturas lingüísticas y repeticiones requeridas en los *feedbacks*. Es por eso, quizás, que el conversacionalismo poético tiene algo de "lenguaje de foro", ausente en la conversación diaria.

Por otra parte, es difuso para nosotros lo que en una época determinada el poeta considera un "cambio de registro" a favor del habla, pues en realidad siempre está hablando. En su perspectiva creadora produce una voz, un timbre, un tomo y un ritmo cuya individualidad a veces diluye para acercarse a la conversación, al "somos" colectivo. Y ese "somos" varía.

A Bécquer, que eliminó metáforas, símiles y rimas para entrar en el lenguaje del habla confesional, le hubiera parecido un exabrupto suprimir los acentos y ritmos del poema; quizás porque el "somos" de su época podía percibirlos como imprescindibles. A Darío, siempre de cara a los retos de la forma poética, seguramente le pareció un gran experimento rimar una epístola y quizás aún más riesgoso, el corte abrupto de metro y la supresión de la rima al final de algún poema, tal como si quisiera decirnos que está saliendo del mundo mágico y armónico de los sonidos para entrar en el "somos" desnudo, prosaico y desesperanzado del acontecer. Vallejo, en reacción al sentido que en sí mismo porta la melodía del poema, priva a *Poemas humanos* de la musicalidad de *Los heraldos negros* (1918) y de *Trilce* (1922) para demarcar una voz profundamente expresiva, escrita como un discurrir espontáneo, aparentemente descuidado en su coherencia y muchas veces, en su forma.

Desde el romanticismo tardío de Bécquer, pasando por el modernismo hasta llegar, por medio de las vanguardias y postvanguardias, a muchos de los poetas logrados en los años sesentas, el registro conversacional tiene su clave en la manera de variar los ritmos. Ello puede interpretarse como carencia de musicalidad pero sería incorrecto hacerlo de cara a la tradición que nos ha dejado la gran poesía hispanoamericana.

Los momentos abruptos y áridos de los poetas altamente musicales del siglo XX seguramente se justifican en la necesitad de impedir que el poema sea totalmente dominado por la melodía, pues en los años treintas su abuso la había vuelto frívola y en muchos casos, innecesaria. El hecho podría parcialmente explicarse porque la poesía altamente rítmica había resultado fácil de memorizar en sociedades que carecían de copiosas impresiones del libro, y donde en vez de ver televisión, se leía en las reuniones familiares. Resulta así paradójico que mientras más "conversacionales" o casuales simulan ser los ritmos, más dependiente de la escritura resulta el poema.

En el aspecto existencial, podría pensarse que el poeta "clásico" contemporáneo socava la música para transmitir rupturas y desalientos, tal como lo hace la música clásica contemporánea. Y en ello hay seguramente mucho de verdad, pues a partir del romanticismo en Europa y el modernismo en Hispanoamérica, los valores musicales fueron utilizados no sólo para reforzar la emoción del poema, sino para introducir en él, de manera tajante, una atmósfera totalmente desvinculada del acontecer diario.

En todo caso, la a-musicalidad es una respuesta dentro del código de la música y no un rotundo desligamiento de ella. Este tema merecería estudiarse, sobre todo en la poesía hispanoamericana a partir de los cincuentas, considerando, desde luego, que la musicalidad, incluso dentro del realismo poético, se apoya en imágenes psíquicas (en este aspecto vale la pena volver a los estudios estilísticos de hace 50 años, entre ellos el de Francisco López Estrada, *Métrica española del siglo XX*. Gredos: Madrid: 1969.

La lección del ímpetu espontáneo —gritón a veces y otras, quejumbroso— en que las voces románticas habían degenerado, llevó a los modernistas a retomar el ritmo con el rigor propio de la poesía barroca española e hispanoamericana. A finales del siglo XIX, el mensaje fue claro: el ritmo y la melodía eran fundamentales en la elaboración de un decir medido, procesado desde diversos ángulos y en ningún momento sujeto a la urgencia de la "inspiración", concepto que según Octavio Paz ya estaba problematizado en el mundo moderno (desde Descartes) y que agudizaría su deterioro a medida que avanzaba el siglo XIX (Octavio Paz, El arco y la lira, 1972).

Los modernistas enfatizaron que la materia básica —o única, dirían algunos— del poema es el lenguaje en todas sus capacidades sonoras y semánticas. Tan enérgica propuesta respondía a los vientos que soplaban en occidente: especialización de las profesiones, división (laboral) del tiempo y división entre el mundo privado (íntimo) y el mundo pragmático de las ganancias y mejoras sociales.

Obediente a tal división —según Ángel Rama en su extraordinario prólogo a la Poesía de Rubén Darío (Caracas: Ayacucho, 1977)— el modernismo enarboló la absoluta independencia del arte con respecto al pragmatismo social mientras intentaba unir en el poema el mundo íntimo o interior y el exterior, con todas sus implicaciones éticas.

Lo interesante del "arte independiente", concepto venido de Francia y equivalente al "arte por el arte" —y que entre nosotros degeneró en una interpretación peyorativa de "la torre de marfil", donde el mismo Darío quiso encerrarse ("Yo soy aquel")— es que en su momento había significado algo que hemos olvidado: la conceptualización del poema como producto orgánico, es decir, un sistema cuyo orden proviene de leyes interiores, desplegadas en "armonía" o, si se quiere, en una precisa correlación de ideas a través de imágenes y sonidos compensatorios o afines a ellas.

Así se afirmó el vitalismo de la estética allí donde las grandes ciudades hispanoamericanas —Buenos Aires y México—, así como las zonas de nuestro continente que experimentaban acelerados cambios políticos y sociales, estaban desechando la función intelectual y rectora que los escritores habían ejercido durante el período romántico, o cuando los jóvenes artistas vieron como acartonadas e imposibles de sustentar las posiciones intelectuales de los escritores que habían dirigido o acompañado con sus escritos el proceso de consolidación de los estados nacionales.

La lección del modernismo y por ende, del linaje de poetas hispanoamericanos del siglo XX que reciben su herencia, es sumamente compleja. Pero baste volver a repetir, para cerrar el tema, que cuando Pablo Neruda se niega a la "metafísica" —en la misión social que le asignará al poema, sobre todo en *Alturas de Machu Picchu* (1950)— no está radicalmente desechando los hallazgos modernistas; resultan éstos innegables en sus posteriores poemarios, entre ellos los imprescindibles *Estravagario* (1958) y *Memorial de Isla Negra* (1964).

Desde finales de los años cincuentas, la poesía realista y/o conversacionalista asumió un sentido de urgencia social que invirtió la dualidad "exterior/interior", haciendo del "interior" una entidad si no irrelevante, simple equivalente de la imagen de la realidad compartida por grupos y colectividades. La idea de que el "interior" del individuo es mero reflejo de la realidad social diluye el sueño modernista y vanguardista de proteger el "interior" contra los embates del progreso y la violencia. Y por lo tanto la poesía, al convertirse en dominio de la realidad positiva y pragmática, queda desprovista del sentido de organicidad que siempre había existido en la lírica pero que los románticos europeos formularon abiertamente y de manera exaltada. Si la música y el sentido ya no transitan una de cara al otro, intercambiando cualidades psíquicas y haciendo que el conjunto del poema fluya como un "todo", es innegable que la intimidad poética perece y con ella, un sentido altamente sofisticado de la estética.

En el artículo "Antipoesía y poesía conversacional", originalmente publicado en 1958 (y posteriormente en *Para una teoría de la literatura hispanoamericana*: México, 2da edición: 1977), Roberto Fernández Retamar utilizó el adjetivo "trascendentalista" para calificar a los poetas del siglo XX que aceptaban las lecciones del modernismo. Quizás de ellos le eran molestos la presencia del "yo", el imborrable verso de Vicente Huidobro: "el poeta es un pequeño dios" y lo que no se entendía a cabalidad de cara a los movimientos sociales hispanoamericanos: no era en la desangrada Europa, ni en Estados Unidos, a pesar de su gran poesía, sino en Latinoamérica, donde el poeta había cultivado "el optimismo", es decir, la creencia en una voz ubicua, capaz de penetrarlo todo, incluso la médula de su propia actitud crítica y por lo tanto, divisiva, para crear totalidades. Tal ansia, si no religiosa, era profundamente artística y al parecer, bastante inútil en 1958, poco antes del triunfo de la Revolución Cubana.

Según Fernández Retamar, los "realistas" o "nuevos realistas" serían aquellos que fusionaban el conversacionalismo (ejemplificado por Ernesto Cardenal) con la "antipoesía" del chileno Nicanor Parra (1914), cuyo propósito era desmitificar la magia metafórica transcendentalista.

Su apología al realismo contemporáneo concluye así:

(…) Pero hoy, al margen de aquella concepción (del realismo) es menester reconocer que esa vuelta al realismo está en pie y que es un realismo que, por ser verdadero, no puede ser repetitivo.

Y es un realismo "verdadero" porque:

(…) los tiempos enérgicos que nos toca vivir, tiempos que no son de reacción sino de revolución, se avienen con ese realismo, como lo sabemos bien en Cuba. Aquí, la revolución, donde ha podido encontrar expresión en las artes, lo ha hecho dentro de ese nuevo realismo.

7. El olvido

A una hora emprendo
el ejercicio de olvidar
el nombre de las cosas.

"Tras las ventanas ciegas."
Memorias del agua.

Realidad y lenguaje: falsa dicotomía que el gran poeta comprende y confunde al resto de nosotros. Ver su engaño es tan importante que los más ávidos desandan el camino de la racionalidad común en busca de luces: Derrida, Chomsky, Foucault, Austin, Saussure, Nietzsche, los filósofos presocráticos, etc., etc.

Agotados por su densa y esquiva sabiduría, acabamos perdiendo en el bosque la visión del árbol, pero no sin antes memorizar, de esa vasta ciencia que llaman filosofía del lenguaje, una que otra cosita, por si acaso se nos despierta el entendimiento, aunque nunca, de verdad que nunca, nos será fácil acercarnos al hecho de que nuestra capacidad cognoscitiva halla límite en la lengua que hablamos y viceversa.

¿Por qué nos cuesta tanto ver lo que un poeta como Francisco Ruiz Udiel percibe? En una entrevista publicada en 2010, a la pregunta de por qué escribe, nos dice:

Necesitaba olvidar, olvidar profundamente quién era (…). Sentí también, tras leer mucha filosofía, una necesidad profunda de cambiar de identidad (al menos interiormente) pues me sigo llamando Francisco, pero del pasado sólo queda una idea de lo que he sido. (…) La poesía me ha permitido inventar, como (en) aquella frase de Antonio Machado cuando dice "la verdad se inventa", pero entendiendo invención como aquello que se crea o fabrica. Empecé a fabricar mi propia vida a través de los versos y puedo decir que lo que está escrito en mis poemas es la única verdad que existe. He inventado una nueva verdad con las palabras. Por eso escribo poesía, para derrumbar la imagen de mi infancia y para darme la oportunidad de existir con mis propias reglas. He transgredido mi propia vida con la poesía.

Cita Francisco a Antonio Machado para hacernos entender que su pensamiento ha entrado en una vía muy transitada por los poetas: construir realidades, actos, cosas.

En 1962, en la póstuma recopilación de charlas *Cómo hacer cosas con las palabras y con excepcional sencillez*, el inglés J. L. Austin (1911-1960) nos habla de palabras y frases equivalentes a actos: el "yo te bautizo en el nombre del Padre…", por ejemplo, sería un acto propio del discurso católico. La lengua se transforma en acto a cada instante y en tanto acto o cosa, es un hecho, o si se quiere, pura realidad, y por lo tanto, materia. Por supuesto, para que el "yo te bautizo" sea hecho u objeto, se necesitan los creyentes. Digamos, entonces, que en la capilla del español, todos somos creyentes porque lo que en verdad compartimos es el modo de conceptualizar de una lengua.

Pero lo "real", la suma de los hechos nos supera porque tiene infinitos caminos surcados. Sin embargo nosotros solemos ir a la nuestra, es decir, a nuestra capilla, a la palabra "nieve", por ejemplo, con perfectos equivalentes en todas las lenguas indoeuropeas, pero imperfecta en la de los esquimales. Los inuit usan 18 palabras para expresar las diferentes formas de ese hecho que nosotros conceptualizamos con una sola, pues obviamente ven en él algo que ni siquiera podemos sospechar (consultar al respecto la interesante explicación de Andrés Bredlow en "Lenguaje y realidad": Barcelona, Societas Philosophorum Viventis, 5 de mayo de 2006).

Francisco inventa, construye, crea. Pero en su comunidad

lingüística, ésa que adopta en *Memorias del agua*, hay una iglesia muy particular: la poesía en lengua española. Poesía: género hambriento por nombrar los hechos que usualmente no sabemos cómo nombrar. Así, el poeta juega con las palabras, es decir, pone sus conceptos en movimiento: los saca de sus casillas, los socava y conduce al borde del precipicio. Y ya temblorosa, totalmente vulnerable y con ojos regañados, la palabra le dicen al poeta: está bien, tú ganas, me encerré, me ofusqué en un solo camino (de la significación) por simple inercia y sí tienes razón, puedo ser lo que me pides: un diamante con miles de facetas.

Y con esta idea escribe Francisco el arte poética de *Memorias del agua:*

En una ciudad en cuyo centro
carece de luz un faro,
a la poesía le corresponde
imaginar el mar.

Todos somos capaces de ver que la palabra "mar" es una metáfora y sustituye a una lista de significados muy diversos. Aún más, se encuentra como correlato de la palabra "faro", también metafórica en el poema pero más concreta ya que se equivale al guía de quien va y regresa.

Estamos, por consiguiente ante una imagen en donde las metáforas se complementan casi en forma alegórica pues el mensaje poético calza en nuestra mente con una clarísima imagen.

Al carecer de luz el faro, una ciudad, seguramente del mundo antiguo o al menos del preindustrial, queda aislada y de hecho lo está, respecto a los barcos. Quedan, en los pueblos pesqueros, donde los barcos parten poco antes de la madrugada, interrumpidas las labores. Los puertos — zonas vitales en las viejas civilizaciones mediterráneas y luego, de las europeas, orientales e hispanoamericanas— se vuelven inútiles, al menos de noche. En lo oscuro, la ciudad es un enclave solitario y ciego.

El poeta vincula tal oscuridad y aislamiento con el mar, palabra que para él designa no sólo el soporte físico de la comunicación (los barcos van y vienen sobre él con su comercio, y hace apenas ochenta años, con cartas familiares), sino el enorme bagaje poético acumulado en nuestra lengua: podemos asociarla al movimiento y los cambios, al origen de la vida, el bautismo o el renacer, y también a la inestabilidad, las tempestades y cuanto sea inseguro y amenazante por desconocido. En suma, el mar que comunica, también aísla, y en sentido figurado involucra algo muy antiguo: sensaciones e ideas dispares, nunca aquietadas y siempre presentes en tanto horizonte de la psiquis humana.

Si volvemos a leer el poema, notaremos que la palabra "imaginar" ha sido ligeramente desviada de su uso común. En sentido estricto, sólo podemos imaginar aquello que existe en nuestro mundo psíquico (emocional, cultural y cognoscitivo) y para el que tenemos palabras. En ese mundo de contenidos la imaginación suele ubicarse en el futuro (seré ingeniero, compraré una casa, etc.). También imaginamos aquello que hubiéramos deseado que pasara. Imaginar un objeto es afirmar su ausencia.

¡Quien necesita un faro y a falta de éste, insiste en imaginar el mar durante la noche, está exigiendo vigilancia en la continuidad de una realidad a través de su imagen. Suple ésta a la "cosa" —el mar— y suple, simultáneamente, a la luz del faro que permite percibirla. La imaginación es, por lo tanto, el mecanismo que simultáneamente percibe y reproduce —en ausencia— una realidad determinada.

La realidad y la imagen (poética), por lo tanto, se turnan para hacer constante, ante el ojo y la conciencia, eso que el poeta ha llamado mar y de cuyo contenido semántico sólo sabemos con certeza que posee movimiento. Es obvio que frente al "mar", la ciudad "ciega" resulta ser rigor, carencia y aislamiento de cuanto es amenazante o desconocido y también, de todo lo que significa comunicación y comercio con lo otro.

"A la poesía le corresponde" sustituir al inservible faro, afirma Francisco. Hay, por consiguiente, utilidad en la poesía; una utilidad práctica, en tanto ilumina algo que es vital para la sobrevivencia de la ciudad.

Desde el romanticismo, los poetas han jugado con la idea de ser visionarios. El rechazo a las prescripciones sociales, cada vez más evidentes a medida que avanzaba el siglo XIX, estimuló el mundo de la imaginación. En nuestra lengua podemos nuevamente recordar a Bécquer y a Darío. Sobre todo la "Rima I" de Bécquer, donde el poeta comienza diciendo: "Yo sé un himno extraño y gigante". Pero ese saber, continúa diciéndonos, está en el corazón y no en las palabras. Y es que Bécquer no puede transformarlo en palabras, a menos que "domestique" el idioma: "Yo quisiera escribirlo, del hombre/ domando el rebelde, mezquino idioma"; escribirlo, continúa el poeta, haciendo que el lenguaje llegue a ser "suspiros y risas, colores y notas."

O sea, Bécquer desea que ese lenguaje se transforme en cosa, sea la cosa misma. La división que percibe habita entre la realidad, su realidad, y la palabra: una realidad maravillosa y una mezquina palabra que no puede reproducirla. Poco después el modernismo, que entendió al pie de la letra el problema, se encargará de agilizar el idioma, llenándolo de movimiento y precisión.

Pero Francisco no percibe el lenguaje y la realidad como opuestos. Recordemos lo que dice en el ya citado poema "El poeta y los signos":

Uno deja de reconocer
al hombre en las palabras.

Ahora, en el siglo XXI y con valor de cosa, siendo "cosa" las palabras —están ahí, existen, no hay que irlas a buscar —, el hombre, ese hombre genérico del que habla Francisco, no las "ve". Al quedarse en plena oscuridad, acepta sin más que el idioma se torne "mezquino". Por lo tanto, es fundamental reeducar los sentidos y la percepción, es decir, apoyarse en una red lingüística que genere sentidos y con ellos, posibilidades de vida. Los conceptos cuyos significados no se revisan son parte de la memoria, es decir, son repetición e inercia. El poema no debe conducirnos a una "realidad nueva", sino a un estado de vulnerabilidad que simplemente nos permita ver cuanto esté más allá de nuestros propios hábitos y esquemas de pensamiento.

El creador ha de hacer un considerable esfuerzo; sin duda, también su lector:

Al fondo ir, atrevernos a seguir sin amago de límites,

con la vida puesta en la poesía,

en el agua, en su transparencia.

"Al agua en sí"

Lo interesante de esta perspectiva —que explicaremos en el próximo apartado— no es el mero reclamo de ineficiencia al "exteriorismo" nicaragüense, que obviamente existe a cada paso en *Memorias del agua*, sino la instintiva confianza en una tradición que le es bastante ajena a nuestro poeta, no sólo en términos de conocimiento formal, sino en virtud del "vitalismo" poético nicaragüense, que desde la vanguardia, con escasas excepciones, bordea eso que para Francisco consiste en "imaginar", es decir, ver —en la misma lengua, a través de su poesía— las posibilidades de lo real y vivir de cara a ellas.

Si hay en *Memorias del agua* algún verso ingenuo, construido a destiempo, trillado, por decirlo de otra manera, haríamos mal en juzgarlo como una falta y en cambio ganaríamos mucho pensando que Francisco está dando un salto en el tiempo para colocarse en paridad con la poesía que en su lengua "imagina" o concibe cuanto existe, no como una imagen que se le presenta al pensamiento sólida e inamovible, sino como una relación, íntima si se quiere, de la mente —consciente de sus limitaciones— y esas limitadas imágenes que ella misma produce y convierte en ley o realidad. La pasión del poeta, por lo tanto, habita en esa sacudida que quiere provocarle a imágenes de la realidad totalmente congeladas y dentro de las que no halla libertad ninguna.

El verdadero optimismo de Francisco Ruiz Udiel, decíamos, el único, si es que lo hay, reside en la absoluta confianza que deposita en la tradición literaria que nace en Hispanoamérica con el modernismo. No es de extrañar, por consiguiente, que de vez en cuando salude a los poetas integrando sus imágenes y líneas: "Canta al signo" (Rubén Darío), "Deja la puerta abierta" ("Deja las puertas abiertas", de Juan Ramón Jiménez), "la voz que surge cálida en la hoguera" ("Ahora te nombro, incendio, y en tu hoguera / me reconozco: /(…) palabra que recobra en el sonido / la materia deshecha del olvido" (José Emilio Pacheco), "El mundo cabe en diez y siete sílabas" (así comienza un poema de Octavio Paz titulado "Basho An").

Lo que hay en Francisco de surrealista es una forma híbrida en cuyo sustrato conviven símbolos altamente estructurados en la poesía: el viaje mítico del héroe (desde la *Odisea* hasta el presente), la "selva sagrada" descrita por Rubén Darío (donde los contrarios se complementan), el agua (bautismal, creadora y regenerativa), las estatuas que, por la acción de Medusa, son héroes de piedra, y decenas de elementos conductores a otros mundos y a epifanías: túneles, pasajes, pozos, montañas y ríos.

Francisco no le teme al símbolo; de hecho, no sólo lo utiliza en abundancia sino que le añade sentidos en sus poemas. Pero sí le teme al lenguaje de su época, a las palabras en las que no puede reconocer al hombre. Lo dramático de ello es su noción de la palabra alienada y en esto se da la mano con muchos poetas que a partir de los sesentas escriben conscientes de un público lector cuyo lenguaje está marcado por la propaganda, ya comercial, o social o política. Pero siendo mucho más joven que ellos y crecido en un medio donde reina el realismo poético, su visión es implacable, puesto que las palabras con las cuales el hombre sí puede reconocerse permanecen en su interior y son temibles:

Una vez más, alguien intentó
pronunciar palabras;
los vendajes encarnados de miedo
cayeron a mis pies.

....

Me pregunto qué pasaría
si a esta hora
abriéramos el puñado de avispas
que llevamos en la boca,
un grito que prolongara
el silencio dormido desde años.

Si pudiéramos aferrarnos a una sola palabra
que no sufriera de intentos,
que no sufriera de intentos,
nuestras sombras quedarían
desnudas por asombro.

"I (La madrugada)"

La lección de este poema no es política, sino histórica. Lo que en su momento aprisionó del modernismo, halló libertad en las vanguardias; lo que de éstas y sus prolongaciones pudo haber encontrado liberación en el conversacionalismo contemporáneo, hoy nos aliena.

Para Francisco, hallar las palabras (y las cosas) significa desnudarlas del sentido que han portado durante tantos años en Nicaragua, un sentido que, si recordamos la cita de Paz, es disfuncional.

No hay más salida que la de "olvidar" y así devolverle sensibilidad al "signo", atentos a su balbuceo. En tanto empresa lingüística, es social, y en tanto empresa social o biográfica, es lingüística.

Cuando Francisco dice en la entrevista citada que ha transgredido su propia vida con la poesía, nos está diciendo algo muy importante: su realidad, digamos esa realidad que lo hizo huérfano, tal vez abandonado y luego repudiado por su madre de acogida, esa realidad que poetiza sobre el abuso físico y psicológico, esa realidad "ciega" de estudiante en un mísero apartamento de Managua, es, sencillamente, inimaginable para muchos lectores.

Y no sólo lo es por cuanto significa cuando nos quitamos las "vendas", sino porque nuestro mismo idioma, ante dicha situación, dispone de atenuantes que en vez de ayudarnos a comprenderla, la agravan. Dicho de otro modo: la lengua dispone una forma de la realidad ante la cual no hay salida. De seguir su secuencia de posibilidades lógicas —las que consideramos lógicas en nuestras sociedades contemporáneas— un sujeto con tales experiencias de violencia sólo puede desarrollarse como un individuo violento ¿No es esto lo que nos dice cualquier manual de psicología? ¿No es esto, también, el muro que se le coloca al individuo sometido a la violencia? Y la pregunta que sigue es obvia: ¿seremos los lectores de Francisco capaces de transcender la lógica asociativa de tales palabras que presumen de "verdaderas" para comprender que toda sociedad es violenta, que el mismo acto de erigir un Estado que nos gobierne es un acto de violencia ejecutado para "combatir" la violencia inherente a la condición humana?

Francisco no podrá encontrar la magia del lenguaje, es decir, la liberación de los estigmas y los discursos que acompañan a biografías como la suya si no aprende a olvidar eso que pretende definirlo dentro de la inercia que lleva las palabras a significar en una dirección socialmente específica. De ahí que el olvido sea un proceso psíquico y a la vez, procedimiento poético en *Memorias del agua*, poemario cuyo título no es gratuito: memoria, relación de lo que fluye, es decir, el agua, y por lo tanto, historia del desprendimiento.

Olvidar es, sin embargo, una palabra de dos filos; nunca se aquieta como afirmación. A veces sobreviene en pesar y negligencia:

En algún lugar habrás olvidado mi nombre.
"Tuve envidia de aquel niño".

¿Cómo se hacía llamar la muchacha que caminó
junto a mí con el semblante absorto,
callando, ahora sé, la lluvia tras sus párpados,
"En qué lugar bordará su vestido".

Pero casi siempre implica una disciplina:

Hay noches como ésta en que me sacudo el rostro
para olvidar al amigo que antes de morir
plantó una semilla en el fondo de una botella.
"Hay noches como esta en que…"

Ahí me detuve, agotado, no por la noche sino por la vigilia
del olvido que cada día a las cinco de la mañana…
"X (Regreso a La Plaza)"

Y también un derecho:

Pero tengo derecho
a no tener memoria,
"IV(Escritura sobre la roca)"

En tanto esfuerzo, ninguno tan expansivo como el de "Casa de jengibre". El poema dice así:

Antes de emprender el viaje
tomé el único trozo de pan sobrante de la cesta de mimbre,
duro pan de olvido que arrojé en migajas
para iluminar el sendero.

Más allá, en la espesura,
donde hay ramas que languidecen,
niebla esparcida del bostezo en las bocas de los árboles,
lancé algunos mendrugos cual luciérnaga desterrada
hacia cualquier parte.

Y ya perdido, definitivamente perdido con mi corazón
de leñador que transita en la humedad del bosque,
decidí dormir un poco
para soñar que el Diablo me ofrecía piedras,
y así, convertirlas en algún bocado.

Pero el sueño es tarde que apacigua el trigo,
y cuando desperté, la ausencia recorría,
como el agua,
aquel camino que un día conoció el pan.

Tras de mí no queda nada:

sólo un aleteo de sombras

y el ruido de pájaros insomnes que, hambrientos,

van borrando mis huellas.

Tal como lo señala el subtítulo del poema —"Versión libre de Hansel y Gretel"— el poeta reconstruye la peripecia de dos hermanitos que utilizan migas de pan para no extraviarse en el bosque. Sin entender que los pájaros se las comerían y desorientados, llegan a la casa de una bruja que los esclaviza y pretende comérselos.

Al parecer, a principios del siglo XIX los hermanos Grimm recogieron el relato de manera íntegra. Empobrecidos por la peste negra que diezmó la población europea a finales de la Edad Media, los padres de Hansel y Gretel buscan deshacerse de los pequeños pues carecen de medios para alimentarlos.

Más acorde con nuestra sensibilidad ética, la versión difundida en el mundo contemporáneo presenta a un padre viudo y nuevamente casado con una mujer que aborrece su prole. Es ella quien se encarga de abandonarla en el bosque.

Francisco retomó esta segunda versión, aunque con fines distintos: extraviarse definitivamente de su infancia, de ahí que el suyo sea el "duro pan del olvido". La segunda alteración con respecto al cuento aparece en la tercera estrofa: en medio del bosque y tan hambriento como los pequeños, el hablante no tropieza con una bruja ni mucho menos con Lucifer que tentó a Jesucristo en el desierto. Lo maravilloso no sucede en su extravío; no hay nada frente el poeta perdido. Y el presente, el ansiado presente, sólo contiene la interminable progresión ("van borrando mis huellas") de un ayer que sólo puede abandonarse a fuerza de sombra, hambre e insomnio.

"Casa de jengibre" es el primer poema de Francisco que percibe el olvido como el paso necesario entre el pasado y el presente. Y esa nada o profunda soledad a las que sucumbe el aquí y ahora queriendo evitar el pasado, dará origen a la segunda y tercera sección de *Memorias del agua*: el éxodo, el viaje, el vivir en constante movimiento para transformar el mundo en un estar aquí.

En "Ultimo infierno", la "enfermedad colectiva" pone al poeta en paridad con sus coetáneos: ni distinto ni mejor, pues no posee ninguna clave mágica para sanar. Más aún, es en esta sección donde el poeta finalmente asienta su sensibilidad ante "el otro", no sólo su semejante, sino el mundo natural y conceptual: el "tiempo", infinitamente triste cuando cae sobre los amantes, el árbol que llora, los peces que se ahogan y "la marea (que) nos ve, se deja abrazar, comprende".

Con el surco de reciprocidades que ha abierto y el olvido como arma, el poeta intentará salvar el presente o al menos, su más preciado contenido: el sentimiento.

8. El sentimiento

Mi patria está allí donde llueve.

"El ebanista".
Memorias del agua.

En estos días del siglo XXI ¿habrá alguien que aún se pregunte por qué es tan importante el sentimiento? O, mejor dicho, ¿qué es lo que queremos decir con la palabra sentimiento y cuántas maneras hay de concebirlo?

Entre las imprescindibles aunque muy olvidadas enseñanzas de la estilística figuran las de Amado Alonso en el libro *Materia y forma de la poesía* (Madrid: Gredos, 1969). El primero de sus capítulos, titulado "Sentimiento e intuición de la lírica" dice lo siguiente:

El sentido poético de una realidad es siempre de naturaleza sentimental, no racional (p.12)

(…) Todo poeta, sin excepción, lo que quiere hacer con su propio estado sentimental es darle características de ejemplaridad, de prototipo valioso, aunque valioso y ejemplar sólo sentimentalmente, no prácticamente (moral, etc.) (pp. 16-17).

En resumen, y para repetirlo con palabras del mismo Alonso en su mejor obra, Poesía y estilo de Pablo Neruda (1940): "Lo que persigue el poeta es salvar el propio sentimiento como una entidad con validez de cosa. Mi sentimiento es."

Y preguntamos ¿acaso no lo ha sido siempre? Pues sí, pero de la misma manera que el mar de Francisco. Porque estando nuestra naturaleza impelida por la sobrevivencia, las sociedades poseen un sesgo altamente pragmático. Como explicamos anteriormente, el lenguaje ciertamente nos comunica, pero suele comunicarnos de manera utilitaria, es decir, mediante conceptos en los que, del sentimiento, sólo percibimos aspectos y niveles altamente socializados.

Amar más allá de la muerte, transformar las cenizas del cuerpo en "polvo enamorado", como hace Quevedo en el conocido soneto "Cerrar podrá mis ojos la postrera", es una forma ejemplar del sentimiento, nos dice Alonso en *Materia y forma*. Pero no sólo por la epopeya psíquica que tal amor representa, sino —sigue diciéndonos— por la coherencia interna del lenguaje que transmite tal ejemplaridad a los lectores. Sin coherencia lingüística, es decir, sin la capacidad intuitiva que guía a Quevedo a crear un orden o acomodo feliz de sus enamorados pensamientos, los lectores lo tildaríamos de loco.

Para defender la ejemplaridad del sentimiento, la lírica crea un "yo" poético. En tanto sujeto, ese "yo" es una construcción artística de cara a los diversos lectores, algunos que han amado hasta reconocerse en el soneto de Quevedo y otros que leyéndolo aprenden una faceta hasta entonces, para ellos, insospechada del amor.

Es imprescindible reconocer que ese "yo" poético de la lírica no es un "yo" infantil, reactivo y caprichoso, sino todo lo contrario, un recipiente que incesantemente filtra y procesa los estímulos percibidos por la conciencia. Por ello, el sentimiento del que habla Alonso no es o existe porque me pertenece en tanto propiedad, sino porque es el centro energético del que aflora el "yo" de la poesía. Dicho en otras palabras, ese sentimiento es la culminación de un complicado proceso tanto compositivo como depurativo.

En muchas instancias, apuntaríamos nosotros sin ánimo de cuestionar a Alonso, la escritura no construye al "yo" como ese ágil, activo negociador que tramita ante las sociedades la validez del sentimiento, sino como una entidad pasiva. Y es entonces cuando en vez de afirmar mi sentimiento es, bien podríamos decir lo siguiente: eso que llamamos sentimiento y que deviene en mí, es "real", existe.

Las dos percepciones señalan actitudes similares: en la primera, mi sentimiento es, se infiere que el sentimiento debe defenderse, porque, ¿cuál sería, de otro modo, nuestro papel en sociedades que no aceptan o no desean concebir la manera en que sentimos? La poesía, y por ende, todo producto estético, puede considerarse, desde esta perspectiva, como una profilaxis, un mecanismo bastante sofisticado que recibe y procesa, con propósitos comunicativos, un "sobrante" emocional que las sociedades no pueden integrar a sus mecanismos de sobrevivencia, pero que en tanto individuos, nos es fundamental.

La segunda afirmación: el sentimiento es en sí, no sólo se le impone al yo sino que lo penetra e impregna, privándolo de su "libertad", instituida ésta como ley, religiosa o secular, aunque otorgándole la liberación, es decir, un amplio espacio psíquico donde desenvolverse y actuar. En la lírica —y sobre todo en la poesía mística— ese sentimiento o potencia que sobreviene sin haber sido llamado, se siente como una energía en que acaba sumiéndose el yo, quien finalmente se percibe unificado y al mismo tiempo diluido en las múltiples formas de cuanto existe.

Decir que el sentimiento deviene en mí supone, por lo tanto, la suspensión de los trabajos del "yo" (de su papel estelar como creador) y su entrega incondicional a lo otro. En este estado, el "yo", por citar a San Juan de la Cruz, se olvida de sí mismo: "Quedéme y olvideme, / el rostro recliné sobre el Amado," (*Noche oscura*).

En cuestión de resultados poéticos no difieren grandemente la unión con Dios y la del poeta absorto en el sentimiento lírico, pues en éste también la conciencia se extravía en un mundo cuyas leyes, tan diferentes a las del mundo "exterior", le resultan entrañables por el sentido de la vida que le ofrecen.

Quien ha leído a conciencia *Memorias del agua* puede afirmar que su falta de ironía y tonos bruscos proviene de la cada vez mayor necesidad de procurarse un lenguaje fluido, donde el ritmo sea a un tiempo música e imagen. La idea de expresar el sentimiento en su hacerse, como algo dinámico, creciendo y amplificándose, está en la semilla del poemario.

Pero el sentimiento no es una "cosa", le argüiría Francisco al texto de Amado Alonso, y el crítico estaría de acuerdo, pues quién sino el que ha explorado los recursos de la razón, sabe de sus límites. Todo esfuerzo que ésta haga por presentar el sentimiento habrá de proceder mediante categorías y etapas.

Sin embargo, el poeta carece de listado, no anota uno a uno los matices que quiere objetivar del amor o del odio, el miedo, el desespero y la tristeza. Y de hecho, se resiste a proceder como el hambriento en "Un hombre en la calle Clavel" (*Memorias del agua*), quien antes de morir se tragó su hambre con "una lista de compras para el supermercado".

Nosotros, los que vivimos fuera de la poesía, continuamos con el listado: decimos amor y anotamos un nombre, una imagen, una fecha. Pero el poeta busca vivir el amor (por continuar con el ejemplo de Amado Alonso) en la escritura del poema; no revivirlo, sino vivirlo, pues es su única forma de expresar cuán real es, cuán independiente se hace en su crecer y morir, cuán libre y majestuosa resulta su libertad, aún en contra del mismo poeta. Es, por lo tanto, esa vida del amor sembrada en la psiquis, en el caso de Quevedo, la que finalmente regresa al poeta y le susurra que él también está vivo; vive en ese instante que el sentimiento rige y le enseña al poeta a decir, a decirse.

Son diversos los sentimientos que Francisco ha mostrado en sus poemas. En unos denuncia o se compadece, en otros intenta zafarse de un dolor debilitante y en otros inútilmente persigue ilusiones. En tanto sujeto, Francisco está encerrado en una desesperante otredad: es distinto a los otros y su trágica manera de sentir la vida no tiene espacio ni receptores en el mundo cotidiano. Su poesía, por lo tanto, ha de procurar la validez del sentimiento, afirmar su realidad haciéndolo transferible, volcándolo sobre la lengua, depurado de motivaciones prosaicas. La afirmación del sentimiento en sí, de sus tonos y progresión, de la forma particular con que lo recibimos y la dignidad que somos capaces de ofrecerle, son sin duda, modos de acción que la poesía lírica aquilata.

Como ningún otro, los últimos tres poemas de *Memorias del agua* persiguen esa plenitud del sentimiento construyéndose y construyendo simultáneamente al poeta.

Veamos sus resultados en un poema en prosa, "Lluvia", el último de *Memorias del agua* y el más hábil en hacer surgir el sentimiento a través de un intercambio entre el hablante y la naturaleza.

"Lluvia" comienza con el ya célebre "no sabe" adjudicado frecuentemente a los elementos y criaturas naturales en la poesía de José Emilio Pacheco (México, 1939-2014)-. Para Francisco la lluvia "no sabe" de sus actos, es decir, de las repercusiones que éstos tienen en el mundo.

La voz poética desea ubicarse, por consiguiente, en nuestro momento histórico, fuera de la naturaleza. En oposición a los románticos, ya no sentimos que la naturaleza se comunica con nosotros. Incapaces de leer sus propósitos, la percibimos como un compuesto de fenómenos y desprovista de conciencia.

Es también José Emilio Pacheco quien en su poesía ha sostenido una extraordinaria ambivalencia al respecto: si bien es obvio para él que el mundo natural es sensitivo, su comportamiento, sin embargo, resulta un misterio en aquellas instancias poéticas donde los elementos y criaturas figuran como víctimas y/o allí donde aparecen desvinculados de la cadena de depredación.

El "no sabe", por lo tanto, es una muy contemporánea versión del sentimiento romántico, pues lejos de anunciar que la naturaleza carece de conciencia, nos dice que desconoce muchos de sus efectos en el mundo del que es parte y específicamente, en el ser humano. En el poema de Francisco, al poseer un acontecer distinto al nuestro, la lluvia ignora las repercusiones de sus actos en nuestra conciencia y de ahí que su imagen resulte inefable, por la connotación de pureza que contiene.

Así comienza el poema:

La lluvia cuando cae no sabe que será imagen de otros, gruta de silencio. Su lenguaje se asienta en la tierra y engendra figuras de lodo. Caminar es andar, adentrarse en el agua, ser unidad en la huella, pero ¿de quién es la huella?

La primera frase adopta una retórica de tipo informativo, pero si la leemos cuidadosamente, comprendemos que la lluvia —en tanto fenómeno— sólo es lluvia cuando cae. Así, con una segunda y pequeña desviación del discurso realista (la primera es el "no sabe"), se nos indica que la lluvia existe antes de caer y/o que el agua que corre por las calles es lluvia. El poeta ha construido en un solo trazo la noción de lluvia como una entidad extensa y sensible. Su lenguaje se mezcla en el lodo con las pisadas para crear una huella. Hombre y lluvia se unen en este proceso. Pero, "¿quién es el caminante?", ¿quién une sus pisadas al lenguaje de la lluvia? pregunta el poema. Siendo ahora parte de ella, el caminante ya no es él mismo. Cae la lluvia, cae uno mismo bajo un chorro que se vuelve pozo, légamo. Negar el agua es negarse a uno mismo, negar su corona que se divide en pequeños imperios, golpe necesario, tránsito hacia otros dominios.

Asciende la tensión desde la primera palabra, acentuada en la primera sílaba. La caída, que culmina en el "tránsito hacia otros dominios" es rápida y tensa. El acento inicial se vuelve a repetir a lo largo del período estrófico: "Negar el agua", "negar su corona", "golpe necesario", "tránsito hacia otros dominios". El poeta ha adoptado un tono sentencioso para defender el estrecho vínculo que el "caminante" ha forjado con la lluvia y su lenguaje, y con la multiplicidad de caídas experimentadas a través de las gotas de agua. La tensión continúa en el siguiente período, aunque reduciendo la frecuencia de los trocaicos que han uniformado el rápido ritmo del texto, para entrar en un momento reflexivo:

La humedad es su prolongación; es la forma de resguardarnos, bálsamo en la herida del elequeme, cuya flor cerrada es espada, anguila roja, penumbra de la caída; ¿será aquella frase "tocar fondo" la suspensión del agua? El fondo en sí, lo que nos dice —voz del interior, voz corpórea de la imaginación—, ¿hacia qué misterio descendemos para tocar? Y cuando tocamos el brillo cristalino, música de arena, escarcha de los vientos, ¿a quién iluminamos siendo agua que a ciegas toca?

Las primeras frases son una secuencia gradada de metáforas, desde "bálsamo en…" hasta "penumbra de la caída": la humedad abre así un túnel o puente en donde la significación va transfiriéndose de la primera metáfora —"bálsamo en la herida", a las tres sucesivas, equivalentes a la "flor del elequeme": "espada", "anguila roja" y "penumbra de la caída".

Debido al melódico ritmo y brillo de las imágenes, el oído del lector crea una unidad allí donde hay una oposición semántica: el bálsamo que la humedad procura se opone a la flor, con su forma de espada o arma, pez fugitivo, oscuro espacio donde ocurre la caída.

Es quizás ésta la más importante "transgresión" —para utilizar una palabra cara a Francisco— hecha hasta ahora en el poema, pues la melodía, protegida por la humedad, se resiste a demarcar las punzantes imágenes de la flor. Por el contrario, siguiendo la progresión de dichas imágenes, el poeta se apresta a descender al "fondo", una instancia desconocida y por ello, amenazante.

En el proceso, también de manera súbita, parece volverse hacia nosotros, a nuestro mundo "realista" para interrogarnos e interrogarse ¿será aquella frase "tocar fondo" la suspensión del agua? Y al instante nos abandona, es decir, abandona ese pequeño reconocimiento que nos hace al compartir la común frase "tocar fondo", para seguir descendiendo a través de secuencias abiertas de difícil ilación gramatical. El período termina con tres metáforas del "fondo": brillo cristalino, música de arena, escarcha de los vientos y una interrogante "¿a quién iluminamos siendo agua que a ciegas toca?"

El período se ha completado simétricamente: las tres metáforas de índole amenazante con las que comienza el descenso se equilibran con tres metáforas de percepción (la vista, el oído y el tacto, respectivamente) que apuntan a la lucidez hallada en el fondo, equivalente a la voz interior: voz de la imaginación.

En el "fondo" los sentidos se agudizan, más no sabemos, es decir, el poeta no sabe "a quién iluminamos siendo agua que a ciegas toca?" La voz de sí mismo, la voz interna, como la lluvia, carece de dualidad: ignora sus efectos visibles. En el próximo período el poeta retoma el punto de vista exterior con el que comenzó el poema. Intenta definir "la lluvia" de acuerdo al "dicen". En una frase condensada apunta simultáneamente al "dicen algunos" y al particular: los marineros de barcos antiguos.

La lluvia no se sabe; su senda es el aire. Su destino
—dicen algunos— es el río, o el mar, dicen aquellos que
contemplan los flecos de las naves.

En el período siguiente el poeta continúa con la misma pretendida objetividad del anterior, pero rápidamente gira hacia una imagen surrealista para establecer el "ser" de la lluvia: el entramado de su red nos transporta al pasado y al olvido. Vuelve, por lo tanto a descender, pero esta vez sobre lo que la lluvia implica en "nosotros", en el poeta, en su historia y sensaciones:

Ver el agua nos llevaría años, entender incluso su geometría. Y la lluvia, palabra que empieza con dos líneas melancólicas que caen suicidas sobre nuestros ojos, líneas que se repiten cual red y cuya urdimbre construye, dibuja su claridad y nos devuelve al oblio: tiempo que todo lo arrastra. Es la lluvia en sí, insistencia de fantasmas, bridas sueltas, ritual perpetuo de las ánforas donde removemos los dolores asidos a la infancia.

La velocidad del poema alcanza su máxima expresión en este período. En parte por el movimiento en las imágenes, en parte por el ritmo y la sonoridad vocálica. Con tales elementos, el poema crea una unidad de sensaciones capaz de sobreponerse a lo que puede resultarnos extraño: la extraordinaria imagen de la "ll" que reproduce al infinito la lluvia en su caída, y también la palabra oblio, tomada del italiano.

A este respecto hay que volver a la editorial Leteo, fundada y seguramente bautizada por Francisco. "Leteo" es tanto la forma como el contenido que le dio Dante al Lete, un río mitológico de cuyas aguas no debía beberse, según los antiguos griegos, pues producían embotamiento, es decir, una forma insensible del olvido. Dante, sin embargo, hace que el Leteo circule entre el Purgatorio y el Paraíso. Las almas tienen que beber de él para olvidar sus pecados y así purificarse antes de entrar en la divina morada.

La siguiente estrofa es explicativa y mucho más lenta. El hablante ha cambiado la perspectiva: ahora no habla de ver sino de nombrar la lluvia. Su manifestación oral es vibrante, aunque sólo desde la mirada, es decir, desde quien la contempla y llega a nombrarla con "la voz de la imaginación". Desprovista del surco metafórico que la habilidad de "verla" ha trazado anteriormente, su sonido nos remite a otro muy elemental: agua, elemento básico para la sobrevivencia humana:

Cuando nombramos la lluvia, sin embargo, nombramos su partitura, cuya tensión está en la mirada. Es la lluvia que, siendo ya no solitaria, cae sobre la sombra de uno y remueve el polvo de los incensarios. Inexorablemente, sin pensarlo, somos lluvia, agua; ¿no es acaso la primera palabra que aprendemos a invocar frente a la sed?

El poema cierra con una esquiva y muy audaz síntesis:

Llo-ver es la imagen doble de sí, del yo en el filo de la vida, es verse a uno mismo en la tristeza del agua.

La doble imagen, visual y acústica de la lluvia nos lleva simultáneamente a la infancia —mediante la vista— y al presente, en donde la articulación verbal está siendo producida. La frase "en el filo de la vida" arrastra la doble percepción de la "lluvia" a un nuevo recinto donde la vida misma se halla fragmentada. Por su parte, "llo-ver" parece condensar los conceptos "yo", "llorar" y "ver": "ver" en tanto percepción de sucesivas imágenes que transportan al poeta al pasado y "llover", en tanto es imposible ver sin llorar, es decir, sin el agua que son la lluvia y el llanto pertinentes al sentido de la vista.

Así, el niño y el poeta, divididos y comunicados por la lluvia, reflejan en ella una misma tristeza. O mejor dicho, la lluvia, en tanto elemento de la contemplación, le permite al poeta sentirse simultáneamente unidad y fragmentación.

En "Lluvia" el sentimiento del poeta se desarrolla en dos centros gravitacionales. El primero es el de la continuidad de la lluvia, su eterna caída, cuya incondicional e ingenua lisura se mezcla con la experiencia humana.

El segundo centro es el poeta, quien alternativamente se vuelve parte y espectador de la lluvia. Desde ambas posiciones converge en sí mismo o en parte de sí, ya mediante el iluminar, cualidad cedida por la lluvia, y que puede considerarse como una apertura del hablante a su prójimo o hacia lo otro, y mediante la imagen de su propia y fragmentada historia.

A la continuidad de la lluvia se le oponen los cambios de percepción del poeta, vividos como movimientos, descensos en cuyo fondo o conclusión hay interrogantes, liberación, melancolía y tristeza. La vida misma está especificada en estos cambios, cuyos puntos de vista involucran la idea del "tiempo" y diferentes escenarios (el caminante, las vasijas, el incensario).

Por lo tanto, el elemento natural —la lluvia— es asiento y medida del flujo o la continuidad del poema y su imagen se halla indisolublemente unida al ritmo y las simetrías entre metáforas amenazantes e iluminadoras, ver y pronunciar, pasado y presente, "fuera" y "dentro" de la lluvia.

Los dos poemas de unión —"El jaspe y yo" y "La sombra"— que preceden a "Lluvia" usan técnicas similares, aunque ambos parecen impacientes, ya por lograr la "unión" con un objeto (el jaspe) o por aceptar una unión indeseada (la sombra). A diferencia de estos, "Lluvia" es un poema donde no hay propósito de salvación, o lo que es lo mismo, no hay finalidad práctica. El poema simplemente deja que los sentimientos fluyan y que la tristeza aflore al final. Y en tal actitud Francisco resalta, por primera y última vez en *Memorias del agua*, la absoluta "gratuidad" de la poesía. En este sentido, ha encontrado una poesía "pura" o, lo que es lo mismo, ha transformado su utilitarismo más inmediato —la salvación del sentimiento como afirmación de la individualidad— en un hecho que no resuelve, ni aclara ni predica sobre el sentido de la vida. La poesía no lo otorga, ni lo devela y así, no es sustituto de la actividad religiosa del sujeto. Todo cuanto la poesía crea es simplemente un movimiento, un incesante movimiento de uniones y fracturas.

"Lluvia" es el argumento más sólido que Francisco ha colocado ante la necesaria —según muchos críticos— determinación ideológica del poema, pues el sentido de éste existe, en tanto movimiento y desarrollo incesante, sin el propósito salvador de los conceptos.

9. La magia

Si encuentro mi voz,
si de verdad encuentro mi voz,
levántame y observa:
en tus manos me tornaré agua.

"Las piedras."
Memorias del agua.

¿Hubo alguna vez "interiorismo" en Nicaragua? En sentido estricto, no. Eso que Francisco llama interiorismo estaría signado —si nos atenemos a las reflexiones de Ángel Rama— por la modernidad, entendida ésta como un fenómeno histórico que en Hispanoamérica comienza con el surgimiento de la ciudad en tanto "urbe" o congregado de elementos dispares y percibidos en oposición: lo nuevo frente a lo viejo, el hombre de la ciudad frente al de provincia, la noción del progreso y del tiempo como medidas variables, cada vez más dependientes de la producción, etc.

Para tener idea de la magnitud de la "modernidad", hay que imaginar escenarios como el de Buenos Aires, México y Santiago de Chile a finales del siglo XIX, e incluso imaginar la España del siglo XVII, profundamente alterada en su economía y percepción por el descubrimiento de América.

El impacto de las economías de mercado, a finales del siglo XIX (así como el impacto que dos siglos antes había vivido España con el hallazgo de un nuevo mundo) debió haber sido abrumador, sobre todo si pensamos que nuestros escritores tuvieron acceso directo, a través de libros y viajes, a las grandes transformaciones que se vivían en Europa, particularmente en París, donde las corrientes del pensamiento y del arte de Occidente, e incluso las asiáticas, se daban cita para colisionar y transformarse.

Fuera de Rubén Darío, cuya madurez poética comienza en Chile, no existen en la poesía nicaragüense —ni en ninguna literatura perteneciente a áreas de escasos cambios en la economía agraria tradicional— los desgarramientos que signan al modernismo en países donde el comercio se orienta totalmente a la producción industrial. Con importantes variantes, algo similar sucede durante los períodos en que afloran las vanguardias, las postvanguardias y la poesía contemporánea.

No existe en Nicaragua, para dar ejemplos, esa poesía en donde el poeta se halla suspendido en el solitario limbo de "la realidad" (*Residencia en la tierra*), ni el exasperado sufrimiento de César Vallejo, así como tampoco existe una tradición de poesía existencial como la mexicana ni una que cuestione la "realidad" hasta reducirla al concepto, tal como la de Jorge Luis Borges, ni voces femeninas desgajadas, totalmente críticas de la maternidad y del amor erótico, cuyo escepticismo sea comparable al de Gabriela Mistral y Rosario Castellanos.

En tales observaciones es importante considerar que no hay ganancia ninguna en comparar de manera simplista las diferentes literaturas si ello no implica un entendimiento de sus formas de evolución. En Nicaragua, desde Salomón de la Selva, hasta Francisco Ruiz Udiel, el siglo que transcurre muestra una poesía sustentada en matrices relativamente seguras y sobre todo concretas: la tierra, las costumbres, los símbolos colectivos, el realismo social y socialista, la definición social de lo femenino, etc.

Las disrupciones en esa matriz donde se gesta el mundo de las certezas y la misma convicción de que toda certeza es colectiva, empezaron a caerse durante esa "modernidad" de muy lento avance que es el período desarrollista de los Somoza y de radical supresión durante el período sandinista, finalizado en 1990. La década de los noventas, atacada en toda Latinoamérica por la globalización, se vio forzada a reformular el nacionalismo nicaragüense y a mostrar las extraordinarias fragmentaciones que acontecieron después de la guerra civil de 1996. El discurso nacionalista ya no podrá seguir ligado a la competencia productiva entre las empresas nacionales y las extranjeras, pues ambas acabarán aliándose, y tampoco al mito de la unidad del pueblo nicaragüense, cuyo último bastión había sido el Sandinismo.

Es obvio que Nicaragua no pudo superar el desajuste entre el capitalismo altamente dinámico del mundo contemporáneo y los sistemas administrativos y legislativos nacionales, incapaces de modernizarse y producir una visión a largo alcance lo suficientemente sólida y lúcida como para evitar los efectos adversos que la economía de tipo global posee en las sociedades y su medio ambiente. De ahí los altos niveles de corrupción y toda suerte de descalabros que en nuestras sociedades crean inmensas brechas en los procesos de identificación social. La gravedad se profundizó con las divisiones originadas por la guerra y la total incapacidad de los partidos políticos para producir un discurso neutro y aglutinante.

Octavio Paz ha señalado que la voz poética del romanticismo rechaza la modernidad (industrial) y cuanto en ella aniquila la imaginación. De igual manera puede decirse que la voz de Francisco Ruiz Udiel representa una drástica reacción ante la incoherencia social nicaragüense. Salvando las distancias es posible afirmar que las modernizaciones —presuntamente orientadas a mejorar la calidad de vida— desatan fuerzas extraordinariamente individualistas y estrictamente pragmáticas. Ante ellas, ni el romanticismo, en su esencia, ni el estilo de Francisco, representan cultos al "yo", sino violentos desvíos a un encasillamiento social inevitable. Y sobre todo, búsquedas que, sin sentido de mejora social y sin futuro, nos puedan vincular espiritualmente.

Muchos de los grandes artistas del vanguardismo se estudian por etapas: la rosa y azul de Picasso, la modernista de Vallejo y Octavio Paz, la surrealista de Pablo Neruda, etc. Es inevitable esa manera, hasta cierto punto ingenua, que tencmos de entender el período inicial del artista como el punto de partida de una perfectibilidad siempre en ascenso. Hay algo de cierto en ello, pero real o épica, siempre acabamos entendiendo esta perfectibilidad como "progreso", o ascenso del escritor a una visión del mundo cada vez más adecuada y a mejores formas de expresión. Quizás la verdad no sea tan simple puesto que en muchos casos es imposible determinar qué poemarios de un mismo autor, resultan "mejores" en relación a otros. El "progreso" lineal no siempre existe y depende mucho del escritor, de su propia manera de verse y ver su trabajo literario.

Al leer a Francisco se le percibe en evolución, más notoria aún si pensamos que ocurre en un lapso de 6 o 7 años. Y a medida que profundizamos en su poesía, nos damos cuenta de que él mismo es quien ve su vida y obra como esfuerzo, cambio y desarrollo. Francisco es un poeta que se mueve en el tiempo. Quizás, fuera de Darío, es el único poeta nicaragüense que posee un sentido altamente cambiante del tiempo y por lo tanto, de su propio estilo, no como forma en sí sino como hallazgo. Quizás tal atención a lo que se ha sido y se es, lo que se supera y permanece varado, la falta de esperanzas y el énfasis en renovar la poesía, cargándola de tonos dispares aunque en su mayor parte líricos, sea parte de un cerco colocado por él mismo ante esa modernidad que, sin futuros, no posee nada halagador.

Memorias del agua es un poemario pensado a conciencia. Sabe Francisco que su voz no es "la voz" del poeta en Nicaragua, que está remontando la corriente y debe ajustar las vibraciones de su música y las imágenes que acuña. Sabe que tiene escaso margen para equivocarse, que cuanto quiere comunicar debe hacerlo derrotando las defensas que yergue el lector ante lo insólito, despertando su interés con imágenes claras que sirvan de apoyatura a las inexplicables.

Pero las concesiones no logran borrar en él ese viaje homérico de su poesía, lleno de tempestades, infortunios, espejismos y escasos placeres. Al final, la Ítaca que anhela, la única que le queda como posible de alcanzar, es la "propia voz", que le revela su vulnerabilidad y la total e inevitable derrota de no poder escapar de sí mismo ni de su mundo.

Entre crear mariposas en el aire y baldear la casa, aparece la voz de Francisco Ruiz Udiel: ni etérea imaginación ni pragmatismo. Borrar la distancia entre la una y el otro es la finalidad de esa voz. Y también enseñarnos que siempre puede el poema anudar cuanto los hombres desatan en la historia ¿De dónde, sino de tal unión, provienen la autenticidad del poeta, su desesperada búsqueda en el "decir" y el ejercicio de una libertad que lo aniquila?

¿Qué más podría pedírsele a un mago?

Francisco Ruiz Udiel
1977-2010

Impreso en Estados Unidos
para Casasola LLC
Primera Edición
MMXXII ©

www.ingramcontent.com/pod-product-compliance
Lightning Source LLC
Chambersburg PA
CBHW031139090426
42738CB00008B/1151